ETHNOLOGIE DE NOËL

Une fête paradoxale

DU MÊME AUTEUR

LES MARIÉES DE L'ÎLE MAURICE, *document*, Grasset, 1983.

En collaboration

ENFANT EN JEU, éd. du CNRS, 1976.
L'OSTAL EN MARGERIDE, éd. du CNRS, 1983.
CELLES DE LA TERRE. *Agricultrice, l'invention politique d'un métier*, éd. EHESS, 1987.
PAYSAGE AU PLURIEL, éd. Maison des sciences de l'homme, 1995.
L'AUTRE MAISON, *La résidence secondaire, refuge des générations,* éd. Autrement (mutations), 1998.

MARTYNE PERROT

ETHNOLOGIE DE NOËL

Une fête paradoxale

BERNARD GRASSET
PARIS

Pour mon fils,
Robin Mootoo,

PROLOGUE

En décembre 1960, au cours de la semaine qui précéda Noël, mon grand-père maternel, Childebert Defromont, descendit des cintres de l'Opéra-Comique à Paris sous les regards extasiés de plusieurs centaines d'enfants. Il avait, pour la circonstance, revêtu la célèbre houppelande rouge, sa tête était coiffée d'une perruque de longs cheveux blancs, et une barbe blondie par l'usage ornait son menton. Ainsi costumé et grimé, il procéda, avec un sérieux tout professionnel, à la distribution des cadeaux destinés au Noël des enfants du personnel de l'Opéra. Ma jeune sœur et moi qui avions déjà passé l'âge de la « croyance » assistions à cette scène, à la fois amusées et attendries.

Pour l'anthropologue que je suis devenue, il était assez tentant d'accrocher ce souvenir d'enfance au sujet mais en réalité, j'ai davantage tenu à honorer la mémoire de mon aïeul qu'à tisser des liens entre biographie et intérêt scientifique. De cet événement savoureux, j'ai pourtant hérité d'une conviction : celle que

Ethnologie de Noël

Noël possédait un pouvoir magique, puisque par sa grâce mon grand-père était devenu, le temps d'une matinée, ce personnage mythique qui entra ainsi dans l'histoire des « hauts faits » de notre famille. Mais, surtout, il m'avait été donné, à moi sa petite-fille, d'être complice et spectatrice d'une mise en scène qui a sans nul doute conforté mon intérêt pour les coulisses de la vie en société.

En son souvenir,
M. P.

Introduction

Retour sur images

> C'est un fait curieux, que le monde, avant même qu'il n'ait découvert une monnaie universelle, une loi universelle, un gouvernement universel, un langage ou un système des poids et mesures universel, ait inventé un Noël universel.
>
> MICHAEL HARRISON (1951)[1].

Pour ceux de ma génération, nés à Paris au lendemain de la guerre, Noël coïncida avec l'apparition d'un décor urbain féerique et enchanteur. Toutes les vitrines des grands magasins s'animèrent, de gigantesques sapins furent dressés pour illuminer les carrefours des grandes avenues[2], les Pères Noël surgirent en nombre et proposèrent aux enfants fascinés et souvent apeurés de se faire photographier en leur compagnie, l'Armée du Salut sortit ses marmites pour récolter les dons charitables des passants. Enfin ce fut l'époque mémorable où la chanson *Petit Papa Noël*, chantée pour la première fois par Tino Rossi en décembre 1946, connut un énorme succès populaire [3].

Le personnage central de la fête avait quitté son allure monacale et l'austère physionomie de son principal ascendant, saint Nicolas. Son nouvel embonpoint se parait d'une casaque rouge bordée d'hermine, portée sur un pantalon de même couleur, le tout sanglé par une large ceinture noire. Il voyageait désormais dans les airs à bord d'un traîneau tiré par huit rennes. Enfin et surtout, il n'était plus flanqué du terrible « Père Fouettard », ce compagnon redoutable du saint bienfaiteur, qui offrait des verges aux enfants désobéissants.

La guerre venait de prendre fin et le plan Marshall [4] nous apportait dans sa hotte ce personnage bonhomme et bienveillant, à la mine réjouie, à la générosité inconditionnelle, dont le seul et unique souci semblait être celui de combler tous les enfants d'une Europe encore meurtrie. Aux orphelins de guerre, il promettait des cadeaux dignes de la relève : des Meccano, des grands jeux de construction, des poupées ou des harmonicas [5].

Ce Père Noël-là venait tout droit du pays de nos libérateurs américains, tout comme les cigarettes blondes, le chewing-gum et le Coca-Cola, boisson dont il fit d'ailleurs la publicité pour la première fois en 1930 [6], assurant ainsi une ouverture certaine du côté des jeunes consommateurs.

Le Figaro du 21 décembre 1946 résume bien la situation : « Les enfants de France devront bientôt considérer que le Père Noël est un sujet américain. » Parmi ses présents innombrables, il y avait sans doute celui de l'espoir en un monde nouveau où pourraient se rencontrer des individus qui ressembleraient un peu à Bing Crosby et à son compère Danny Kaye, les acteurs principaux de *Noël blanc*, comédie musicale à succès d'Irving Berlin[7], portée à l'écran en 1954 par Michael Curtiz. Toute une esthétique de bonheur un peu mièvre, toute une idéologie de la réconciliation et de la solidarité sur fond de paillettes, de chansons et de sentiment patriotique, venait de naître et allait définitivement influencer la célébration de cette très ancienne fête de la vieille Europe.

Ce Noël enchanteur *(glamourous)* est encore aujourd'hui, à peu de chose près, celui que nous connaissons tous. Produit exemplaire d'une commercialisation bien orchestrée, il est aussi la réinterprétation moderne d'un complexe traditionnel très ancien. Bien qu'il se célèbre désormais « entre soi » — le plus souvent dans le cadre restreint et privé de la famille — Noël suscite néanmoins, dans les jours qui précèdent, une mobilisation sociale sans équivalent dans le cycle annuel des fêtes et se révèle être, en tant que tel, une scène anthropologique de choix pour étudier nombre de pratiques, de situations et de comportements sociaux qui jouissent à cette époque de l'année d'un éclairage inédit.

Moment d'expression collective intense, cette fête permet aussi la réactualisation cyclique de grandes figures sociales qui ont marqué son histoire de leur empreinte. Ce sont celles de la charité, de la solidarité, de la famille et de l'enfance. Ainsi, la forme familiale de la célébration que nous connaissons aujourd'hui, c'est-à-dire la famille réunie autour d'un repas de réveillon et l'enfant comme acteur central, ne date guère que de la seconde moitié du XIXe siècle en Europe et aux Etats-Unis. A la même époque, la compassion envers l'enfance pauvre et errante — dont Dickens fera un portrait mémorable — devient un motif constant et dominant dans l'imagerie de Noël. Analysant l'apparition de cette nouvelle forme de célébration, les anthropologues et les historiens anglo-saxons n'ont pas hésité à parler de l'« invention d'une tradition ». Il y a, on le sait, toujours un risque à employer cette terminologie, car rien n'apparaît *ex nihilo* tant les sphères rituelle, religieuse et socio-économique d'une société guident ses aspirations et modèlent ses appropriations.

En revanche, le fait le plus remarquable est sans nul doute que cette fête est devenue en un demi-siècle « universelle ». Cette universalité ne signifie pas qu'il y ait « parité » culturelle entre tous les pays « à traditions », l'influence anglo-américaine restant dominante en Europe comme dans le reste du monde. Ces emprunts, comme le soulignent à propos d'Halloween P. Prado et S. Lolliéric [8], facilités par la mondialisation des médias, sont aussi aujourd'hui probablement plus fréquents et plus efficaces lorsqu'ils nous viennent des Etats-Unis, plutôt que de Bulgarie ou de Tchétchénie ! Cette universalité permet néanmoins de mesurer l'étonnant pouvoir d'assimilation de ce rite, sa remarquable pérennité, mais aussi l'art d'interpréter de certains groupes que leur culture et leur religion ne prédisposaient pas à fêter Noël, comme les Eskimos de la baie d'Hudson ou les habitants de Trinidad. La fête contemporaine est ainsi, selon Daniel Miller, « un extraordinaire amalgame de coutumes hétérogènes dont les caractères peuvent être nationaux, régionaux ou même villageois »... Elle emprunte aussi à des traditions chrétiennes et non chrétiennes dans de nombreux endroits de la planète pour tendre « vers une globalité de symboles et de coutumes. Son pouvoir syncrétique paraît curieusement illimité », conclut-il au terme de son introduction [9].

Si les origines du rite lui-même se greffent sur des célébrations hivernales très anciennes, cette universalisation est en effet le résultat d'une histoire récente qui passe d'abord par l'Angleterre à travers sa colonisation, puis par l'Amérique, notamment sous l'influence de ses GI's durant la Seconde Guerre mondiale, et cela malgré la résistance des traditions européennes nationales. Alors que nombre de fêtes calendaires ont décliné, celle-ci semble se fortifier à mesure que d'autres cultures l'adoptent et la réinterprètent. De ce point de vue, Noël apparaît comme un exemple privilégié permettant de réfléchir sur ce qu'on appelle, souvent trop rapidement, les effets de la « mondialisation » [10].

Du point de vue anthropologique, le don, sous forme de cadeaux faits aux proches, est devenu aujourd'hui l'élément central du rite ; or cet échange est un phénomène essentiel qui peut, j'essaierai de le montrer, s'éclairer à la lumière des analyses de Marcel Mauss concernant le « potlatch », comme « fait social total [11] ». Ce cadeau fait d'abord à l'enfant, puis aux proches, a aussi son histoire et de ce point de vue obéit à une logique sociale et à une symbolique rigoureuses.

Malgré toutes ces « qualités », Noël n'a pas, à l'inverse de ce qui s'est passé dans le milieu universitaire anglo-saxon, inspiré les chercheurs français, à l'exception d'un des plus célèbres, Claude Lévi-Strauss, qui publia en 1952 un article précurseur sur les origines païennes du Père Noël [12]. J'y reviendrai.

Il faut également rendre hommage, cette fois du côté des sociologues, à François-André Isambert, l'un des rares [13] sinon le seul à s'être intéressé, en 1976 [14], à la question des « fêtes de fin d'année à Paris ». Ce spécialiste des religions n'a d'ailleurs pas étudié Noël en soi mais, selon sa propre formule, en « miroir » avec celle du Nouvel An. Pour François-André Isambert, ces deux fêtes sont « jumelles et antithétiques ». En conséquence, il cantonne la première dans un registre religieux et sacré et renvoie la seconde au profane. S'en tenant aux représentations sociales contemporaines et manifestes, c'est-à-dire telles qu'elles émergent des interviews et questionnaires, cette opposition fait sens. Il oppose ainsi terme à terme une série d'attributs : Noël serait la fête des enfants et de la famille restreinte et correspondrait à un moment de recueillement et de renforcement des tabous, alors que le Nouvel An appartiendrait aux adultes et permettrait excès et exubérance [15]. Cette analyse, trop brièvement rapportée ici, a les qualités et les défauts de toute systématisation comparative et l'auteur lui-même reconnaîtra que le rapport qui unit Noël au Jour de l'An est bien plus dynamique. Que Noël soit le pôle religieux de ces fêtes de fin d'année est indubitable, mais la dimension païenne dont on trouve encore les traces dans la figure du Père Noël, la bûche et les cadeaux est toujours présente et peut-être prend-elle aujourd'hui une nouvelle ampleur.

Si les sociologues et anthropologues français sont

donc plutôt rares à s'être intéressés au sujet, les folkloristes, eux, en revanche, lui ont toujours voué une curiosité passionnée.

En France comme à l'étranger, Noël a suscité la plus riche littérature folklorique dans laquelle traditions, coutumes et croyances ont toujours été rapportées avec une précision et un souci d'exhaustivité peu communs. Arnold Van Gennep, le « maître » du folklore français, consacra les dernières années de sa vie à étudier minutieusement l'ensemble des coutumes qui s'inscrivent dans le « cycle des douze jours », cycle qui s'étend de Noël à l'Epiphanie [16].

Cette période a toujours été un temps propice à la communication entre le monde des vivants et celui des morts, période « de tous les dangers [17] » car elle n'appartient plus ni à la nouvelle année ni à l'ancienne ; c'est un « hors temps », une béance, qui permet toutes sortes de manifestations surnaturelles, qui donne aussi une idée de l'année à venir, les douze jours représentant les douze mois de l'année. La présence des morts parmi les vivants ou, plus précisément, l'absence d'étanchéité entre les deux mondes donne lieu à de nombreuses pratiques. En Norvège, par exemple, on allume des bougies sur les tombes des ancêtres et les branches de sapin sont dans toute la Scandinavie toujours le signe d'un deuil dans une maison. En France, dans certaines contrées, la mort rôde souvent durant la nuit de Noël. Ainsi en Bretagne, la société des morts organisée comme celle des vivants voit ses membres se donner rendez-vous cette nuit-là. A Obernai, en Alsace, un capucin est condamné à revenir cette même nuit car celui qui de son vivant n'a pas récité les trois messes basses ressuscite ce jour-là. Le conte de Daudet *Les Trois Messes basses* a repris ce thème.

Autre élément précieux aux yeux des folkloristes : la magie. Noël est le temps du « merveilleux », où les plantes fleurissent en hiver, les abeilles chantent et les animaux parlent dans l'étable. C'est aussi la période par excellence des prophéties, par exemple celle qui concerne le temps de la nouvelle année dont les douze jours vont donner le modèle, préfigurant les récoltes à venir. De nombreuses pratiques magiques sont ainsi des mesures prophylactiques pour assurer le succès de l'année qui commence. Corpus d'exception donc que cet ensemble de coutumes populaires que l'Eglise n'a pas réussi ou « n'a pas voulu vraiment », dira Van Gennep, adapter à des normes catholiques [18].

Il est remarquable et symptomatique que tous ces travaux, y compris ceux de nombreux érudits locaux, aient inspiré et inspirent toujours davantage de « beaux » livres richement illustrés, vendus au moment des fêtes de fin d'année. Magnifiant le passé en faisant l'inventaire des traditions locales ou étrangères, ils contribuent aussi à construire Noël comme une fête idéale et de fait idéalisée.

Cette idéalisation conjuguée sur le mode nostalgique favorise les réminiscences et les retours sur sa propre enfance, car Noël se prête plus qu'aucune autre fête à l'attendrissement sur soi et sur les autres. Pour cette raison, peut-être, est-il aussi *a contrario* l'objet d'une forte dénégation — le rejet étant à la mesure de l'attraction.

Si ces deux attitudes sont antinomiques, dans les

deux cas c'est toujours avec émotion qu'on évoque cette fête pour la louer ou la vouer aux gémonies. Légitimée ou délégitimée, elle n'est en effet jamais privée de ce halo affectif et reste la fête la plus importante de l'année pour les Français, les Européens et les Américains pour lesquels elle concurrence toujours davantage Thanksgiving.

Des Noëls d'antan, cliché littéraire tout autant que réalité historique complexe, au Noël présent, qui dispose depuis peu de sites [19] sur internet, ce ne sont donc pas seulement des siècles qu'il faut parcourir mais aussi des espaces géographiques et culturels gigantesques. Il est cependant un moyen terme à cette perspective trop ambitieuse, celui qui consiste dans un premier temps à réfléchir sur les origines d'une tradition et plus précisément sur ses usages sociaux et symboliques, ce qui est une façon de faire retour sur les images. De ces dernières, il sera souvent question, tant Noël possède son imagerie particulière, qu'elle soit historique, religieuse, sociale ou folklorique.

Chapitre premier

ORIGINES DU RÉCIT, OU RÉCIT DES ORIGINES ?

> Noël, le berceau de toutes les fêtes, celle qui plus que toute autre inspire le respect et fait frémir.
>
> JEAN CHRYSOSTOME (386).

> 25 décembre, jour de naissance de toutes les divinités orientales.
>
> MIRCEA ELIADE.

> Comme toute institution humaine, la religion ne commence nulle part.
>
> EMILE DURKHEIM.

A l'instar de toute tradition, celle de Noël renvoie à la question de ses origines et peut-être encore davantage que d'autres à celles de nos sociétés occidentales, car elle fait sans doute partie de nos fêtes les plus anciennes. Cette pérennité exceptionnelle pose alors la question des raisons d'une telle permanence ; celles notamment des fonctions sociales qu'elle continue d'assurer, des symboles qu'elle incarne encore et des sentiments que toujours elle inspire. Fête du solstice d'hiver, puis fête chrétienne de la Nativité, nous renvoyant à l'aube des temps ou au début de notre ère, Noël évoque de lointains rituels et d'archaïques mythologies. Cela explique sans doute qu'elle ait donné lieu à des théories diverses et souvent contradictoires, qu'il s'agisse de la date de son apparition, des références païennes ou chrétiennes, des spécificités culturelles et géographiques.

Sans entrer dans le détail des interprétations théologiques, folkloriques, ou encore dans celles de l'histoire des religions, il est néanmoins possible de distinguer deux grandes thématiques. La première tente de mettre au jour les racines païennes d'une fête chrétienne en la rapportant à une fête du solstice d'hiver, c'est celle des historiens et des mythologues. La seconde essaie au contraire de fonder ses origines purement chrétiennes sur le mode de la rupture avec le monde païen et se trouve plutôt chez les théologiens.

Le point de vue étymologique par lequel il est d'usage de commencer n'est pas dans ce cas décisif. « Noël » viendrait en effet soit du gaulois *noio* (nouveau) et de *hel* (soleil), il signifierait « nouveau soleil » et serait donc lié à la renaissance du soleil au moment du solstice d'hiver. Mais « Noël » viendrait aussi du latin *natalis* (naissance), sous-entendu *dies* (jour de naissance) et évoquerait la naissance de Jésus. L'étymologie étant décidément labile, ce nom peut encore être issu du latin *novella*, mot qui désignait au Moyen Age les cris de joie populaires à l'annonce des bonnes nouvelles, comme la naissance d'un héritier du trône ou le mariage d'un prince. La plupart des traductions mettent l'accent sur la naissance : en anglais, *Christmas* signifie littéralement la messe du Christ. En italien *Natale*, comme *Natividad* en espagnol et *Natal* en portugais ont la même origine. En allemand, enfin, *Weihnachten* renvoie aux nuits sacrées, car elle dure deux jours du 24 décembre au 26 inclus.

En réalité, l'étymologie contient le paradoxe des origines de la fête qui implique deux conceptions différentes du temps, celle d'un « éternel retour » célébré notamment par des fêtes saisonnières se déroulant au moment du solstice d'hiver, c'est-à-dire une conception mythique, et celle, historique, c'est-à-dire irréversible, du monde judéo-chrétien [1] qui marque le début de notre ère.

Le solstice [2] d'hiver, du latin *sol*, soleil, et *stare*, s'arrêter, qui signifie littéralement le soleil s'arrête, en marquant la fin du déclin du soleil annonce aussi sa renaissance. Or cette « transition astronomique » a toujours été effrayante pour les hommes, faisant resurgir des peurs archaïques liées à la crainte de ne pas voir le soleil renaître. Elle est aussi une période dangereuse où les morts hantent les vivants. On conçoit alors que le soleil ait été l'objet de différents cultes très tôt attestés dans toute l'aire indo-européenne, donnant ultimement lieu à la création d'une théologie solaire, qui sera l'aspect le plus déterminant dans l'émergence du monothéisme chrétien[3] et dont de nombreux éléments vont être réinterprétés dans la fête de Noël.

Du nord au sud, l'Europe a ainsi connu des célébrations du solstice d'hiver. La fête de Yule, par exemple, qui est présente dans toute la Scandinavie, était à la fois une célébration des morts et de la fertilité illustrant la rencontre entre les cultes funéraires et agraires. Elle appartient à ce que Mircea Eliade a nommé les « rites de régénération du temps ». Pour les populations nordiques, cette période était favorable au rapprochement des morts et des vivants et, à l'apogée de la fête, les défunts envahissaient le monde pour favoriser un retour de la vie semblable à celui qui s'observe dans le règne végétal. Dans ce modèle dit « agraire », la mort n'est alors qu'un état provisoire et les longues nuits d'hiver qui favorisent ces cultes anticipent déjà la renaissance de la végétation.

Au sud, dans l'Empire romain à la même période exactement, on pouvait assister au retour d'une des fêtes les plus anciennes et les plus populaires de la religion romaine, les Saturnales, qui se déroulaient entre le 17 et le 24 décembre. Ces *libertas decembris*, chantées par Horace, célébraient le règne de Saturne, dieu des Semailles et de l'Agriculture, règne qui correspondait à un âge d'or où l'esclavage et la propriété étaient inconnus[4]. La fin de l'année était alors vouée à la licence la plus effrénée, l'ordre hiérarchique était systématiquement inversé, le fait le plus marquant étant l'abolition de la distinction entre l'homme libre et l'esclave, ce dernier pouvant se moquer de son maître, s'enivrer comme ses supérieurs. Le roi des Saturnales, un jeune soldat élu par tirage au sort, la clôturait en se donnant la mort, après avoir goûté à tous les plaisirs pendant trente jours. Cette présence des morts, le sacrifice comme les orgies, marquait ainsi la fin de l'année [5]. Les derniers jours, lors de la fête des Sigillaires, les Romains échangeaient également des présents, organisaient des festins et décoraient leurs maisons de lierre. C'est là sans doute le plus lointain souvenir du réveillon.

Arnold Van Gennep a vivement critiqué cette théorie dite « solsticiale » en rappelant que la date du solstice d'hiver, soit le 21 décembre, ne correspondait pas à celle de Noël, pas plus que le solstice d'été à celle de la Saint-Jean : « Le folkloriste qui expliquera ce décalage de quatre jours à la Noël comme celui de trois jours à la Saint-Jean aura bien mérité de notre science [6]. » Ces quatre jours n'ont pourtant pas troublé d'autres érudits qui, à l'instar de James Frazer, ont assimilé ce décalage à une erreur des Anciens : « Une chose est certaine, écrit-il, c'est que le solstice d'hiver que les Anciens plaçaient par erreur le 25 décembre était célébré dans l'Antiquité comme l'anniversaire de la naissance du soleil, et qu'on faisait des feux de fête et de joie en l'honneur de cet heureux événement. » Pour Noël, ajoute-t-il, « nous n'en sommes pas même réduits aux conjectures... la fête n'est pas autre chose que la continuation, sous un nom chrétien, de cette ancienne fête du soleil. Une coutume semble d'ailleurs avoir survécu dans la chrétienté moderne, celle de la bûche de Noël qui devait ranimer le feu solaire » [7]. Comme la Saint-Jean, cette célébration est donc une fête du feu qui porte l'empreinte de ses origines païennes. Ainsi la Nativité et l'Epiphanie, fêtes jumelles, reprendront le même grand rythme qui correspond dans le calendrier romain aux Saturnales et aux Calendes de janvier, dédiées respectivement à Saturne et à Janus[8].

Une autre survivance païenne se retrouve dans le fameux cycle des douze jours auquel appartient Noël et qu'il inaugure. Dans la pensée populaire, ce cycle qui s'achève le jour de l'Epiphanie est considéré comme une réduction de l'année entière, les douze jours correspondant aux douze mois. Cette croyance est très ancienne puisqu'on la trouve déjà chez les Aryens de l'époque védique en Inde et de multiples superstitions sans rapport avec le christianisme s'y rattachent. James Frazer fit l'hypothèse que cette période intercalaire était destinée à mettre en accord l'année lunaire et l'année solaire. Période extraordinaire où le temps est littéralement suspendu, les règles habituelles de vie ne s'appliquent plus, la loi et la morale sont aussi en attente[9]. Il s'agit là d'une sorte d'« interrègne », selon J. Frazer, dont le « roi de la Fève » peut être un symbole. Le douzième jour est du reste le jour des Rois dans certains pays d'Europe[10].

Le 25 décembre, un choix stratégique ?

Un fait est aujourd'hui bien établi : la fête de Noël célébrée le 25 décembre a été ignorée des chrétiens des trois premiers siècles. « Ce qui allait en effet constituer une date centrale pour l'Eglise chrétienne ne souciait pas du tout les premiers fidèles pour la simple raison que la naissance du Christ n'était pas mentionnée... Beaucoup plus que l'incarnation, sa mort et sa résurrection intéressaient ces premières communautés », note le théologien Oscar Cullmann [11]. Ces premiers chrétiens ne célébraient d'ailleurs pas davantage la naissance des apôtres ou des martyrs, et Origène attire l'attention sur le fait que, dans la Bible, seuls les impies tels Pharaon et Hérode ont fêté le jour de leur naissance.

Les deux seuls évangélistes qui évoquent cette naissance, saint Luc et saint Matthieu, n'ont cependant jamais donné d'indication calendaire et, lorsque les Pères de l'Eglise voulurent lui attribuer une date précise, leurs savants calculs n'aboutirent pas au même résultat. On trouve ainsi dans un comput pascal datant de l'an 243 que le jour de naissance aurait été d'abord fixé au 28 mars — cette date correspondant à une période où jour et nuit ont la même longueur —, car il est dit dans la Genèse que Dieu, lors de la Création, sépara la lumière des ténèbres. Aux trois premiers siècles, la date est située au printemps [12]. La présence des bergers, non loin de la crèche mentionnée par Luc, ferait en effet songer que cette naissance survint plutôt en mars à l'époque plus clémente de l'agnelage.

Au IIe siècle, une première mention de la fête se trouve chez Clément d'Alexandrie qui, évoquant les disciples du gnostique Basilide, nous apprend que ceux-ci fêtaient le 6 ou le 10 janvier le baptême du Christ, considéré comme la première « apparition » ou « manifestation » (du grec *epiphaneia*) divine [13]. Dès la première moitié du IVe siècle, cependant, la fête de l'Epiphanie réunit à la fois le baptême et la naissance du Christ.

Un papyrus daté du IVe siècle découvert en Egypte contient la plus ancienne liturgie de Noël, célébrée alors dans la nuit du 5 au 6 janvier. Une autre description, due à Ephrem, Père de l'Eglise qui vécut également au IVe siècle, nous est parvenue de Syrie [14]. L'auteur fait mention dans cet extraordinaire document « des maisons ornées de couronnes », il décrit la joie des enfants et l'allégresse des adultes. La nuit est tout particulièrement évoquée : « Voici la nuit, la Nuit qui donna la paix à l'Univers »... « qui pourrait dormir en cette nuit où veille l'univers entier ? » Etaient alors fêtées la naissance, l'adoration des bergers et l'apparition de l'étoile. Le jour suivant était consacré à l'adoration des Mages et au baptême du Christ dans les eaux du Jourdain. Un troisième document a été conservé où l'on découvre la pèlerine Egérie relatant à son tour cette fête lors de son séjour en Palestine [15]. Elle raconte comment, dans la nuit du 5 au 6 janvier, tous se rendaient avec l'évêque en un cortège solennel à Bethléem pour y célébrer un culte nocturne dans la grotte qui était censée être celle où Jésus naquit. A l'aube du 6 janvier tout le cortège arrivait à Jérusalem à l'église de la Résurrection dont l'intérieur était illuminé de « milliers de bougies ».

Le symbole de la lumière est ici encore omniprésent. Mais cette « réunion de deux événements, naissance et baptême, sous un thème commun devint peu à peu difficile à concevoir d'un point de vue théologique », dit Cullmann, et la nécessité de choisir une date s'imposa.

La fixation au 25 décembre s'est faite à Rome sans doute en 336, à la fin du règne de Constantin [16]. Ce choix semble avoir été hautement tactique.

Le culte de « Sol invictus »

Le culte de *Sol invictus* (Soleil invaincu) introduit sous l'Empire romain par les gnoses orientales fut, après une période d'interdiction, proclamé religion officielle sous le règne d'Aurélien (270-275) [17]. Ce dernier qui se déclarait « l'incarnation vivante du dieu soleil » conférait ainsi au pouvoir politique une dimension sacrée encore jamais atteinte.

A la même époque, un culte oriental, celui du dieu persan Mithra, importé par les soldats à partir de l'Asie Mineure, joua un rôle majeur. Implanté très tôt à Rome en 75 après J.-C., les sanctuaires se multiplient surtout entre le IIe siècle et le IVe siècle, essentiellement en milieu urbain, dans l'armée et l'administration. Le mythe nous apprend que Mithra est né d'un rocher le 25 décembre. Tuant sur ordre du Soleil le taureau dont le sang répandu dans les champs va permettre à la nature de renaître, Mithra, héros primordial, est aussi un dieu de la lumière. Juste après le sacrifice du taureau, il monte en effet sur un char solaire. C'est ce dernier caractère qui a permis de l'identifier également à *Sol invictus* [18].

Cette religion initiatique, dont le sacrifice était une

promesse d'éternité et dont l'acte essentiel était le repas pris en commun, fit une très sérieuse concurrence au christianisme primitif. Les premiers chrétiens eux-mêmes y restèrent encore longtemps très attachés car beaucoup d'autres analogies autorisaient en effet des comparaisons. Les mithraïstes sacralisaient par exemple le dimanche et l'oblation du pain ; on représentait Mithra naissant d'un rocher, en présence de bergers, ou faisant sourdre l'eau miraculeuse. Au IIIe siècle, le mithraïsme était prêt à convertir le monde gréco-latin [19]. Mais cette religion qui restait masculine excluant de fait la moitié du genre humain ne résista pas à l'introduction du culte de la Vierge.

A l'instar de celle de Mithra, la naturalisation romaine d'autres dieux étrangers orientaux eut une influence déterminante sur l'émergence du christianisme. Adonis venu de Syrie et Attis de Phrygie, Isis « véritable madone bienveillante » originaire d'Egypte, tous importaient le sens du sacrifice rédempteur, de la dévotion mystique, d'un dieu sauveur à une époque de crise métaphysique où s'affirme la notion de destinée individuelle et où se font sentir les premières failles de la *pax romana*. Ces religions à mystères ont en quelque sorte « préparé le terrain ». Toutes comportaient en effet « des initiations capables de frapper l'imagination, des espérances d'immortalisation et de déification, en un mot la certitude d'être protégé ici-bas et sauvé dans l'au-delà [20] », écrit Pierre Hadot.

Si Aurélien fut le promoteur de la théologie solaire, Constantin fut le premier à reconnaître la domination d'un dieu unique sur le monde et du même coup celle de l'empereur sur le monde romain [21]. Premier souverain à se convertir au christianisme, il n'hésite cependant pas à faire ériger des statues du dieu soleil à son image. Dans cette Rome de la première moitié du IVe siècle, images païennes et images chrétiennes coexistent encore pacifiquement, les cultes se mêlent et cette symbiose correspond à un certain idéal de tolérance. C'est à cette époque que la célébration de Noël fait son apparition et que le 25 décembre fut choisi, date syncrétique par excellence, le « jour de naissance de toutes les divinités orientales », dira Mircea Eliade, mais aussi le lieu de rencontre « du mystère de la renaissance avec celui du monothéisme ».

On comprend alors que l'Eglise de Rome ait systématiquement opposé au culte païen du soleil sa propre fête de la lumière. Toutes les prédications conservées pour Noël insistent sur le fait que le Christ est « le nouveau soleil ». Malachie désignait déjà dans ses prophéties (3, 20) le Messie à venir comme le « soleil de justice ». La lumière est aussi au cœur de l'annonce d'Isaïe : le Verbe comme « lumière du monde ». Sans cesse, « il fallait rappeler que le passage de Matthieu (14, 2) : "Pour vous se lèvera le Soleil de justice", était une prédiction qui se rapportait au Christ, et non à Mithra [22] ».

On trouve ainsi plusieurs sermons de saint Augustin qui « exhortent les chrétiens à ne pas adorer ce jour-là le Soleil mais Celui qui l'a créé ». Ambroise de Milan commente d'ailleurs l'appellation populaire du jour de naissance du Christ : « le soleil nouveau » car, disait-il, « avec l'apparition du Sauveur, se renouvellent non seulement le salut de l'humanité, mais aussi la clarté du soleil». De même que lors de la passion du Christ le soleil s'est obscurci, de même faut-il qu'à sa naissance il resplendisse plus éclatant qu'auparavant (sermon 6). Noël reste ainsi le symbole de cette «lumière nouvelle», pour les chrétiens.

Longtemps l'Eglise eut à tenir compte des rites païens pour amener les populations à la conversion. Ramsay Mac Mullen cite de nombreux exemples où la pratique chrétienne n'était que «la traduction de la pratique païenne» ; ainsi en est-il de l'encens, de la lumière des lampes et des cierges qui encadraient nombre de rites païens [23].

Choix tactique de l'Eglise primitive pour éliminer progressivement les cultes solaires ou stratégie politique de l'empereur Constantin qui aurait favorisé le christianisme — parce que, religion plus organisée, elle pouvait permettre d'unifier plus facilement l'Empire et asseoir ainsi sa puissance —, il reste que tout en ayant aboli les oracles, les sacrifices privés, Constantin lui-même n'a cessé de favoriser le culte solaire. Sa conversion en 312 inaugure néanmoins une ère nouvelle car, pour la première fois, il exista une religion d'Etat, dotée en outre de ce caractère missionnaire propre au christianisme [24]. Les empereurs chrétiens qui succéderont à Constantin hériteront de l'intolérance de leurs prédécesseurs et, les mesures antipaïennes devenant de plus en plus sévères, «l'aristocratie comme le peuple se rallieront par crainte ou par conformisme à la religion triomphante». Il serait pourtant erroné de croire que le paganisme disparut brutalement, car non seulement la résistance des païens — surtout dans l'aristocratie qui en fut le dernier bastion — fut vigoureuse, mais les premiers prêcheurs chrétiens tenaient aussi souvent compte des coutumes existantes pour mieux imposer le nouveau culte[25]. Ainsi en a-t-il été de saint Augustin de Canterbury au VIe siècle (envoyé en Angleterre par Grégoire le Grand pour y prêcher l'Evangile en 597), qui reçut la recommandation expresse de respecter les traditions des peuples qu'il allait tenter de convertir et de tirer parti des rites de la fête du solstice au profit de celle de la Nativité, y compris du rite du sacrifice des bœufs[26].

C'est à partir du IVe siècle, néanmoins, que la fête de Noël s'est diffusée depuis Rome dans toute la chrétienté, bien que de nombreuses Eglises d'Orient tinssent toujours à fêter l'Epiphanie sous sa forme ancienne[27], le 6 janvier.

A Antioche, en Syrie, l'opposition fut particulièrement vive jusqu'à ce que Jean Chrysostome, patriarche de Constantinople, dans un sermon resté célèbre du 20 décembre 386, convoque ceux qui l'écoutaient à venir célébrer cinq jours plus tard la naissance du Christ, « le berceau de toutes les fêtes », naissance « qui, plus que toute autre, inspire le respect et fait frémir ». Chacun doit cette nuit-là, dit-il, « quitter sa maison pour aller contempler Jésus étendu dans la crèche ». Une grande foule semble avoir obéi à son invitation. L'accord des coutumes finit par avoir lieu : le 25 décembre commémora la naissance du Christ, et le 6 janvier sa révélation aux gentils[28].

Au VIe siècle, le canoniste Denys le Petit fixa l'année de la naissance du Christ, c'est-à-dire celle de notre calendrier, avec, si l'on en croit les découvertes récentes, six années de retard — ce qui implique pour l'anecdote que l'an 2000 aurait dû être fêté en janvier 1994 !

Une irrésistible attraction

A partir de cette époque la fête de la Nativité prit progressivement de l'ampleur et dès le VIIIe siècle augmenta en magnificence. Mais avec les Noëls médiévaux et leur dimension carnavalesque (licence, beuveries, inversion hiérarchique), ce moment de l'année offrit une tournure particulière présentant des analogies frappantes avec les Saturnales, preuve s'il en était besoin de l'irrésistible attraction exercée par certaines coutumes païennes sur la population. La « fête des Fous » par exemple, qui avait lieu dans la semaine qui suivait Noël (vers le 1er janvier), tournait la hiérarchie ecclésiale en dérision ; des représentants d'ordres mineurs y prenaient la place de leurs supérieurs et se paraient de leurs ornements liturgiques. On sacrait dans l'église l'« évêque des Fous », qui célébrait alors une messe parodique : « Le cortège de Carnaval se livrait, dans le sanctuaire même, à toutes les bouffonneries, à toutes les insanités de mimique, de rire, de danse, tandis que devant le tabernacle s'accomplissaient les saints rites. Chez les figurants du bas clergé c'est à qui prendrait le masque le plus hideux, le visage le plus affreusement barbouillé de suie, le travesti le plus pervers », commente M. Vloberg[29]. Cette fête resta essentiellement celle du peuple et fut toujours critiquée par les représentants du pouvoir. Le concile de Bâle finira d'ailleurs par la condamner en 1431 ; cependant, elle persistera jusqu'au XVIe siècle pour finalement disparaître au cours de la Réforme et de la Contre-Réforme[30].

La procession des Prophètes au XIIe siècle n'était pas moins carnavalesque. Son moment fort consistait à rendre hommage à l'âne, grâce auquel la fuite en Egypte avait pu avoir lieu. L'« office des Pasteurs » mettait en scène l'annonce de la Nativité aux bergers et lors de la « fête des Innocents », le 28 décembre, un enfant devenait lui aussi l'évêque d'un jour. Là encore cette coutume fut jugée irrespectueuse et disparut des églises au XVIe siècle[31].

Le cycle des douze jours s'achevait par la « fête de l'Etoile et l'Epiphanie ». Apparue elle aussi au XIIe siècle, elle semble, écrit M. Vloberg, avoir été très appréciée. L'étoile qui avait conduit les trois Rois par trois routes différentes était parfois symbolisée par un candélabre à trois branches. Ces drames liturgiques prirent eux aussi une tournure imprévue, sombrant souvent dans l'obscénité, et durent quitter peu à peu l'intérieur des églises pour être joués à l'extérieur : « Les acteurs prenaient goût au relief, au masque, à la drôlerie (mais) durent décemment chercher d'autres rideaux que les courtines du sanctuaire. Des hourds (échafaudages) furent alors dressés et adossés aux portails des cathédrales. »

Les XIVe et XVe siècles furent ceux des mystères de la

Nativité, présentés dans toute la France. Ces nativités scéniques s'inspiraient des évangiles canoniques, mais surtout des légendaires de la France féodale. Les trouvères se servaient de leur côté essentiellement des évangiles apocryphes pour restituer la geste de la vie du Christ. Le public, ajoute Vloberg, fut plus sensible au décor qu'à cette littérature : « Ces décors citadins ou champêtres s'alignaient entre un Paradis éclatant d'or, d'azur et de vermillon, et un Enfer caverneux, repoussoir d'épouvante installé au niveau du sol et actionné dans une fosserie [32]... » Ce « théâtre liturgique permettait alors à chacun d'extérioriser sa foi », écrit Van Gennep, et « en descendant des bas-reliefs des cathédrales, la nativité devenait quelque chose de profondément humain ». En Italie, en Allemagne, en France et en Espagne les « crèches spectacles » par la suite remplacèrent les jeux scéniques des liturgies médiévales, mais ce n'est qu'au XVIIIe siècle que la mode des crèches familiales se répandit [33].

Au milieu du XIXe siècle, la duchesse d'Orléans (belle-fille de Louis-Philippe) fera dresser un sapin de Noël en plein centre du jardin des Tuileries. Elle donnait ainsi, à l'instar de la reine Victoria et au même moment (1840), le coup d'envoi symbolique de la célébration contemporaine de Noël, qui sera désormais centrée sur la famille.

L'étonnante pérennité d'un rituel

Si la question des origines met en évidence le long cours des croyances et des symboles éternellement combattus, éternellement repris et réinterprétés, quelles sont les raisons profondes, au-delà des vicissitudes historiques, de la pérennité d'un rite aujourd'hui devenu largement séculier ? Bien que l'on puisse parler, à l'instar de James Frazer et en désaccord avec Van Gennep, d'une continuité certaine entre les Saturnales et le Noël chrétien, cette continuité n'implique pas qu'il s'agisse seulement de traces ou de survivances. Aurions-nous affaire comme le suggère Cl. Lévi-Strauss à des « institutions récurrentes » qui « relèvent des conditions les plus générales de la vie en société » ? Les Saturnales et les Noëls médiévaux, on vient de le voir, présentent en ce sens des similitudes évidentes : la décoration des édifices avec des plantes vertes, l'échange de cadeaux, les festins et la liesse populaire, enfin la fraternisation entre riches et pauvres, maîtres et serviteurs, qui sont le rassemblement et la communion, l'abolition temporaire des distinctions sociales allant jusqu'à l'inversion des hiérarchies.

Aujourd'hui qu'en est-il ? La « déraison » se perd, bien qu'en 1952 Lévi-Strauss croie la déceler encore, mais « dans une version très affaiblie », lors des réveillons entre adultes de la Saint-Sylvestre. Peut-être assistons-nous à la fin du XXe siècle, avec l'arrivée d'Halloween en France, à la réintroduction d'une autre « démesure » — et cela malgré sa parodie marchande [34] ? Peut-être existe-t-il, à nouveau, au-delà de la seule logique consumériste, de cette « horreur symbolique » connectée, selon la formule de P. Prado [35], sur « l'horreur économique » comme une « part d'ombre » nécessaire, avant que Noël n'illumine les vertus de la famille bourgeoise ? Hypothèse, certes optimiste, qui fait le pari des résurgences de rites locaux ou de la « relocalisation » possible de certaines fêtes globales lorsque celles-ci renouent avec des traditions encore vivantes ou recyclées. Nous verrons que Noël n'échappe pas non plus à ces différentes logiques, pour la période récente, mais sa pérennité remarquable a permis des symbolisations spécifiques.

Ainsi en est-il de ces figures mythologiques et folkloriques très anciennes qui accompagnent encore cette histoire longue ; de ces innombrables personnifications de l'hiver, descendantes de Saturne ou ancêtres de saint Nicolas, elfes, rois, ogres, démons cornus, chasseurs sauvages. Elles fusionneront à la fin du XIXe siècle en un personnage débonnaire et généreux, sans malignité apparente, mais qui transportait dans sa hotte un héritage mythologique sans précédent. Et si Coca-Cola n'est pas totalement étranger à l'ultime métamorphose, il est utile de regarder de plus près pour comprendre l'étonnant parcours suivi par celui qui désormais est devenu ce « héros global » nourri d'emprunts culturels multiples.

Chapitre II

LE PÈRE NOËL, UNE BIOGRAPHIE « À TIROIRS »

> Le Père Noël... C'est la divinité d'une classe d'âge de notre société... il reçoit un culte de la part des enfants, à certaines époques de l'année...
>
> CLAUDE LÉVI-STRAUSS.

> Le Père Noël n'est le remplaçant d'aucune divinité... c'est un personnage imaginaire reconnu comme tel par les parents et jusqu'à un âge variable par les enfants, il n'est l'objet d'aucun culte...
>
> ARNOLD VAN GENNEP[1].

Ces deux mises en exergue, aussi péremptoires que contradictoires, manifestent une opposition radicale entre l'ethnologue et le folkloriste. Leurs interprétations reprises assez systématiquement et parfois prolongées par les quelques auteurs qui se sont intéressés aux

« généalogies » du Père Noël soulèvent, sous le charme apparent de l'objet, une affaire anthropologique majeure. Faire l'histoire des personnifications de Noël n'est pas un jeu d'enfant, car elle est intimement liée à de très anciennes figures païennes comme à de très modernes stratégies commerciales.

Pour reconstruire la biographie du Père Noël, il faut en effet suivre les méandres complexes de la diffusion de nombreux motifs folkloriques, au gré des migrations des hommes et de leurs croyances, de l'évolution de leurs institutions politiques et religieuses. Enfin comme toute question sur les origines, celle-ci a encore soulevé d'âpres polémiques, non seulement dans les milieux des folkloristes, mythologues et ethnologues, mais aussi au sein de l'Eglise.

Ceux qui ont déjà tenté ce travail de généalogiste [2] reconnaissent en saint Nicolas un ancêtre légitime, mais rappellent que le saint évêque cache bien d'autres figures ancestrales, cette fois magiques et préchrétiennes. La question reste alors celle des conditions de transmission de tous ces motifs. Comment, en effet, de ces personnages multiples, créés dans la grande nuit de l'hiver occidental, le Père Noël est-il devenu l'unique héritier ? Quelle étrange destinée fut celle de ces fées, croque-mitaines, diables, sorcières, saints d'Asie Mineure, dieux antiques, celtiques et autres personnages moyenâgeux, pour qu'ils aient, au début du XXe siècle, fusionné ou se soient effacés au profit d'une seule figure, le Père Noël moderne, dont la réputation deviendra planétaire ?

En France, d'un point de vue folklorique, le manuscrit le plus ancien qui pourrait l'évoquer semble être un motet servant de chant de quête datant de la seconde moitié du XIIIe siècle. Ecrit en dialecte picard par le compositeur Adam de la Halle, il commence ainsi : *No sires Noeus / Nous envoie à ses amis / C'est as amoureux / Etas courtois bien apris / Pour avoir des paradis / A no herluison.*

Ce « sires » était-il un seigneur du pays ou Noël personnifié ? difficile à décider. En tout cas, dira Arnold Van Gennep, « il n'est pas distributeur de cadeaux, même si c'est en son nom que les quêteurs viennent réclamer des "paradis" ». Un autre texte en patois daté de la fin du XVIIe siècle en Bresse fait apparaître « Noyé » comme un « donneur de vivres » à saint Joseph et à la Vierge, mais toujours pas aux enfants dans les maisons et, de ce point de vue, il ne semble pas être le prototype des Pères Noël en France, pas plus que saint Nicolas ne le sera pour cet érudit pointilleux, ennemi des analogies et des filiations, qui concluait avec fermeté que « des similitudes morphologiques et fonctionnelles ne prouvent pas nécessairement des emprunts ».

Il faudra ensuite attendre que l'enquête de l'*Intermédiaire des Chercheurs et des Curieux* retienne l'année 1897[3] pour dater l'apparition du Père Noël en France, confortant A. Van Gennep dans l'idée qu'il s'agissait bel et bien « d'un cas de folklore naissant ou vivant ».

A partir de cette époque, ajoute-t-il, le Père Noël, vieillard à barbe blanche, coiffé d'un bonnet de fourrure et vêtu d'une vaste houppelande bordée d'hermine, a rapidement conquis les villes, les bourgs et aussi certaines campagnes, de la même manière que l'arbre de

Noël. Il va ainsi remplacer le Père Janvier en Saône-et-Loire, à partir de 1915, et dans le Dauphiné, où il est inconnu avant 1925. En Flandre, il ravira peu à peu le rôle à saint Martin et à saint Nicolas ; en Franche-Comté, après 1950, il se substituera à la Tante Arie, et dans l'Est, également à saint Nicolas, au Père Chalande et à l'Enfant Jésus...

Cette conquête douce mais irréversible inquiète d'ailleurs certains enquêteurs tel l'abbé Jean Garneret (1955) pour qui il ne s'agit que d'une « mythologie factice, due à l'école, au monde anglo-saxon, à la radio, aux grands magasins, au commerce et à la publicité[4]... » Il ajoutait comme pour s'en convaincre : « Le Dieu des chrétiens n'avait rien à y perdre ; par contre nos petites habitudes traditionalistes en prennent un bon coup ; c'est à peu près inévitable. » Son jugement se révéla perspicace mais un peu optimiste en ce qui concerne l'évolution religieuse de la fête.

Attribuer aux Américains la « grande vogue » en France du Père Noël, en revanche, laissait entière la question des origines, tant le brassage des populations rend difficile l'attribution précise de certains caractères locaux aux uns et aux autres[5]. L'hypothèse américaine ne servait, selon A. Van Gennep, qu'à reporter la question des origines. « S'agit-il des Hollando-Franco-Anglo-Germano-Italo-Hispano-Scandinavo-Polono-Russes qui vivent ensemble aujourd'hui à New York ? » se demandait-il. Sa mort, survenue en 1957, ne lui permit pas de transformer cette conjecture en conviction.

Le problème des origines culturelles multiples se révèle effectivement difficile à résoudre de façon exhaustive et précise. Il est possible, néanmoins, de restituer assez fidèlement certaines histoires d'emprunts et de migrations de populations, donc de leurs coutumes. Celle des Hollandais, par exemple, partis en pionniers pour le Nouveau Monde au XVIIe siècle, mais aussi celle des Allemands dont l'arrivée massive en Amérique et la part prépondérante qu'ils y ont acquise pouvaient expliquer que « le *Father Christmas* (Père Noël) américanisé soit un équivalent adapté et légèrement transformé du *Weihnachtsmann* (Bonhomme Noël) qui occupe une zone folklorique considérable depuis la Réforme [6] ». Les guerres ont aussi joué un rôle ; celle de 1870 fera connaître le saint Nicolas des Alsaciens en région parisienne et la fin de la Seconde Guerre mondiale, avec le plan Marshall, qui accélérera l'arrivée et l'adoption du Père Noël américain en France.

Cependant, les mouvements de population ne suffiront pas à expliquer tous les avatars du personnage. Il faudra tenir compte du rôle essentiel joué par la Réforme protestante au XVIe siècle dans les pays de l'Europe du Nord, de la littérature populaire anglaise et américaine au XIXe siècle, de l'anticléricalisme, mais aussi de la résistance du clergé, et, enfin et surtout, de l'avènement du capitalisme et de la croissance urbaine. En cela, le Père Noël n'est pas seulement la « divinité d'une classe d'âge », un personnage de légende ou un motif publicitaire ; il est avant tout un objet syncrétique exemplaire, véritable cas d'école en la matière.

Saint Nicolas, l'ascendant légitime ?

Saint Nicolas, un des saints les plus populaires du calendrier, intéresse à la fois les enfants, puisqu'il est patron des écoliers, et les adultes comme protecteur des marins et des bateliers. Si sa légende est fournie, sa biographie, en revanche, est restée lacunaire. Colette Méchin, qui lui a consacré un remarquable ouvrage, rappelle d'emblée ce manque de renseignements fiables dont se plaignent historiens et hagiographes. Tous s'accordent cependant pour le faire naître vers 270 en Lycie, au sud de la Turquie actuelle, et à le reconnaître comme évêque de Myre vers 312 [7]. En 1087, ses reliques furent transférées à Bari, dans le sud de l'Italie, à la suite de l'invasion de la Turquie par les Maures. Son culte s'est alors vraisemblablement propagé en Europe par l'intermédiaire des croisades. En Lorraine, dont il est devenu le saint patron, la basilique Saint-Nicolas-de-Port près de Nancy lui est consacrée depuis le XVe siècle. Il est par ailleurs célébré en Grèce, en Turquie, en Russie, où il est l'objet d'un culte que certains ont trouvé parfois excessif. L'Eglise le fête le jour de sa mort, c'est-à-dire le 6 décembre et non celui de sa naissance, ce qui est un « fait rarissime », et seulement partagé avec trois autres grandes figures de la chrétienté : le Christ, la Vierge et Jean-Baptiste [8]. Mais ce privilège sera définitivement abrogé lorsque le concile Vatican II le déclarera apocryphe, après avoir établi que « les légendes qui lui étaient attribuées venaient probablement de traditions païennes et non chrétiennes ».

Faiseur de nombreux miracles, les enfants se trouvent au centre de plusieurs d'entre eux [9]. Le plus célèbre est celui de la résurrection des trois petits garçons tués et mis au saloir par le boucher [10], dont les premières versions n'apparaissent qu'au XIIe siècle. Dès cette époque, il fut souvent représenté comme un donateur, mais ce rôle vis-à-vis des enfants n'était pas encore spécifié.

C'est en Hollande, au XVIIe siècle, qu'un célèbre tableau de Jan Steen, *La Fête de saint Nicolas*, met pour la première fois en scène une famille (appartenant sans doute à la minorité catholique-romaine) au moment où les enfants font la découverte des cadeaux. L'un d'eux pleure car il a reçu une verge pour le punir et subit en outre les moqueries d'un autre, alors qu'une petite fille serre tendrement dans ses bras, telle une poupée, le saint miniaturisé. En France, il faudra attendre le début du XIXe siècle en Meurthe pour trouver des traces du passage de saint Nicolas. Bien que grand patron de la Lorraine, il ne semble pas non plus y être connu partout comme un distributeur de cadeaux.

Quant au Père Fouettard, qui l'accompagne, il s'agit sans doute, écrit Van Gennep, « d'une invention scolaire créée par les pédagogues du XVIIIe siècle qui appartient à la série assez riche des croque-mitaines mais non spécifiquement au cycle des douze jours [11] ». Pourtant ce Père Fouettard semble avoir des origines bien plus anciennes. Il s'appelle *Hans Träpp* en Alsace, *Knecht Ruprecht* (Valet Ruprecht) en Allemagne et Piet le Noir, dit « le More », en Hollande, et forme avec le saint un couple infernal. Le visage blanc du « bon » saint Nicolas contraste en effet avec celui parfois couvert de suie du « méchant » Père Fouettard, personnage sauvage souvent recouvert de feuillage ou de pommes de pin (dans l'Appenzell), ou encore d'une peau de bête *(Knecht Ruprecht).* Il est d'ailleurs surnommé, dans certaines régions, l'« ébouriffé », le « velu ». Cette figure inquiétante est parfois interprétée comme un « double diabolique ». Cette hypothèse fait alors peser sur saint Nicolas un immense soupçon, celui de n'être qu'un masque posé sur un héros mythologique archaïque, l'homme-animal ou le chasseur sauvage [12]. Le chasseur sauvage est généralement décrit comme un personnage sombre et inquiétant, coiffé d'un grand chapeau noir à large bord et vêtu d'un grand manteau. Il monte un cheval blanc, et conduit une horde précédée de bruits étranges : aboiements de chiens, cliquetis d'armes, cris d'oiseaux. Dans ce cortège figurent des démons, des revenants, mais aussi des enfants morts non baptisés, des guerriers tombés lors des batailles et dont les corps n'ont pas été enterrés, des hommes morts de mort violente et qui n'ont pas reçu les saints sacrements [13].

H. Rey-Flaud cite des provinces d'Allemagne où — cas extrême et sans ambiguïté — saint Nicolas est lui-même devenu « le méchant saint Nicolas », « enveloppé dans une peau hérissée, armé du sac et du bâton et traînant derrière lui des chaînes bruyantes ». G. Leser fait aussi remarquer que *Pelzenickel*, un des noms donnés au Père Fouettard, signifie le « Nicolas à fourrure », ce qui confirme l'ambiguïté du personnage.

La légende concernant la résurrection des trois petits

enfants prend du même coup un tout autre sens. Saint Nicolas et le boucher-ogre ne feraient plus qu'un et, pour H. Rey-Flaud, c'est un Nicolas « anthropophage » qui se révèle car c'est lui « qui veut du petit-salé mis il y a sept ans dans le saloir » par le boucher. Cette interprétation éclaire, nous dit-on, certaines traditions restées obscures, ainsi celle en Bretagne où saint Nicolas est associé à une sorte de bête aux griffes pointues qui déchire le visage des petits garçons qui la rencontraient le soir sur la grève [14], ou encore à Tante Arie dans le Jura, qui jette les « marmots » à la rivière après les avoir mis à califourchon sur son dos.

Saint Nicolas est parfois accompagné par un personnage féminin : Berchta, Frau Chunkle, Dame Perchta, Frau Hollé, la « petite femme » de saint Nicolas qui est toujours, dit Colette Méchin, elle aussi « une voleuse d'enfants ». Toutes surgissent de la nuit de Noël et leurs rondes, souvent appelées chasses, elles aussi, durent parfois tout au long des douze nuits ou « nuits sacrées », comme les nommaient les auteurs du Moyen Age [15].

Selon cette approche symbolique la hotte du Père Fouettard renvoie à celle d'Arlequin « qui, on le sait, transporte les âmes des morts dans son dos. Sachant qu'Arlequin est lui-même le descendant d'Hellequin [16], le chasseur sauvage, c'est lui qui ravit les enfants dans sa hotte ».

C'est donc à « un véritable renversement de valeur » que l'on assiste lorsque la hotte du Père Fouettard qui sert à emporter les enfants désobéissants devient celle où saint Nicolas puis le Père Noël puiseront pour récompenser des enfants sages [17].

L'histoire religieuse affecte aussi le rôle du saint. Au XVIe siècle, la Réforme protestante, en rejetant toute figuration divine et en interdisant le culte des saints, l'exclura logiquement des commémorations traditionnelles [18]. Ainsi, en Allemagne protestante, *Weihnachtsmann* [19], le « Bonhomme Noël » des pays de langue allemande, « version ou doublet profane de saint Nicolas, mâtiné de *Knecht Ruprecht* » pour G. Leser [20], devient le principal donateur à la fin du XIXe siècle.

La Contre-Réforme des pays catholiques influença aussi l'abandon de saint Nicolas, ne tolérant alors que l'Enfant Jésus, *Christkindl*, comme distributeur de cadeaux, notamment en Alsace, et dans toute l'Allemagne catholique. Mais la fragilité de celui-ci rendait peu vraisemblable sa nouvelle fonction ; il fut donc souvent représenté sous les traits d'une jeune fille, vêtue de blanc, dont la tête était coiffée d'une couronne de bougies (cette représentation féminine est proche de sainte Lucie). Il fut aussi parfois remplacé par les Anges et la Dame de Noël. Ces personnages se maintiennent encore aujourd'hui localement en Allemagne. Mais alors que saint Nicolas était chassé des régions protestantes luthériennes, paradoxalement les Pays-Bas, pays à majorité calviniste, l'accueillirent comme en témoigne le tableau de Jan Steen [21].

Un émigré exemplaire

Abandonnant provisoirement les documents folkloriques, on peut maintenant évoquer l'histoire des migrations et les conséquences de la guerre comme facteur d'emprunt inattendu.

Les coutumes entourant Noël permirent aux populations contraintes à l'exil de maintenir une sociabilité communautaire particulièrement nécessaire ce jour-là. Après la guerre de 1870, environ deux cent mille Alsaciens et Lorrains quittèrent leur région pour venir s'installer dans la France intérieure, notamment en région parisienne et dans les provinces proches comme la Bourgogne. Les Alsaciens emportèrent avec eux *Christkindl*, et le sapin, à Paris et dans les localités où ils étaient assez nombreux pour faire revivre leurs coutumes. Certaines familles catholiques parisiennes furent vite acquises à ce nouveau donateur.

Les Lorrains de leur côté amenèrent saint Nicolas, un Nicolas, rapporte Henri Dontenville, « à barbe blanche, qu'on voyait encore entre 1900 et 1910 dans les campagnes du Barrois [22] vêtu de rouge (bien que ce ne soit pas la couleur épiscopale), flanqué d'un âne bâté chargé de jouets et suivi d'un Père Fouettard, brandissant des verges à l'intention des enfants désobéissants [23] ». A Paris, en 1912, il faisait une entrée triomphale dans un grand magasin parisien. Sur l'affiche, qui se moquait des saisons : « un Noël lorrain au printemps », des enfants agitaient un drapeau français et défilaient derrière le saint en brandissant tambours et trompettes. Mais saint Nicolas, si généreux et patriote qu'il fût, n'était pas familier à l'ensemble des enfants français et le Bonhomme Noël le supplanta aisément d'autant plus que les anticléricaux, ceux qui luttaient contre le « nouvel ordre moral », voyaient d'un mauvais œil un personnage religieux entrer dans les écoles de la République, même s'il avait été le patron des écoliers[24]. Entre laïques et cléricaux, le Père Noël fut souvent un enjeu donnant lieu à des bagarres mémorables parmi les instituteurs, ou entre maire et curé de village.

Ce thème « haut en couleur » a souvent été utilisé en littérature, notamment par Pierre Véry : « Chaque année, écrit-il, à Noël, la fanfare et l'orphéon exécutaient *Le Chant du départ*. Massée sur la place de l'église, la troupe guettait la fin de la messe de minuit ; la sortie des fidèles servait de signal[25] » ; et par Michel Tournier qui, du coup, fait subir au Père Noël une étrange métamorphose car, cette année-là dans le village de Pouldreuzic, l'instituteur était une femme que ses convictions laïques n'avaient pas empêchée de « prêter » son bébé pour figurer l'Enfant Jésus, dans la crèche vivante organisée par le curé du village :

Quelques minutes plus tard, la moitié cléricale du village, tout entière réunie dans la nef, eut une vision inouïe qui s'inscrivit à tout jamais dans la légende dorée du pays bigouden. On vit le Père Noël en personne faire irruption dans l'église. Il se dirigea à grands pas vers la crèche, puis il écarta sa grande barbe de coton blanc, il déboutonna sa houppelande rouge et tendit un sein généreux au petit Jésus soudain apaisé[26].

Ce Bonhomme Noël ressemblait pourtant encore à un pauvre hère, il était, comme le décrit J.-L. Hue, « le portrait craché du colporteur, qui a choisi l'hiver pour partir en tournée... et c'est la même bimbeloterie qu'il charrie : raquettes, palettes, tambourins, boîte de bois peintes, horloges de sable, jeux de quilles, sifflets et damiers[27] ».

Sur les cartes postales colorisées du début du siècle, il a conservé quelques attributs épiscopaux et sa générosité envers les enfants est toujours sélective. Catherine Lepagnol, qui a analysé de près journaux d'enfants, cartes postales, chromos et « découpies » entre 1850 et 1930[28], y décèle encore quelques ressemblances avec « un moine, un empereur russe, un homme en uniforme ».

Mais ce vieillard austère et parfois même inquiétant, lorsqu'il lui arrivait d'emporter — dans un très vieux réflexe — quelque enfant indiscipliné, ne résistera pas à son tour très longtemps à celui qui arrivera du Nouveau Monde, *Santa Claus*. Ce dernier avatar bénéficiant d'une promotion commerciale jusque-là inédite s'imposera dans toute l'Europe au lendemain de la dernière guerre. Il nous renvoie à une autre histoire migratoire, celle-ci vieille de trois siècles !

Santa Claus : du saint tutélaire de New York au héros de l'Union

L'invention américaine de *Santa Claus* au XIXe siècle sera l'élément déterminant de l'évolution laïque et de la popularité croissante de la fête de Noël, en Europe comme aux Etats-Unis, au XIXe siècle, puis de son universalisation au XXe.

Pour certains auteurs comme James Barnett, c'est au XVIIe siècle que les Hollandais calvinistes qui partaient pour le Nouveau Monde emportèrent dans leurs bagages saint Nicolas [29]. Pourtant aucune trace concrète de cette importation n'a été trouvée jusqu'à maintenant [30] et il semble d'après Charles Jones que saint Nicolas ait été en quelque sorte « reconstruit » pour des raisons sociales et politiques. Dans le dernier quart du XVIIIe siècle, ce saint était déjà curieusement devenu un symbole de l'opposition à la colonisation anglaise et à la monarchie. Parce que Noël appartenait au calendrier de l'Eglise d'Angleterre et qu'il figurait au rang des fêtes officielles avec vingt et une autres, comme l'anniversaire du roi George et d'autres événements monarchiques, cette célébration était doublement suspecte pour beaucoup d'Américains et surtout pour les puritains de la Nouvelle-Angleterre [31] qui avaient déjà interdit Noël au milieu du XVIIe siècle.

Saint Nicolas fut donc d'une certaine façon « exhumé » d'une tradition hollandaise un peu oubliée dans ce Nouveau Monde, dans un dessein politique explicite, « sorte » d'antidote « à opposer au Noël empoisonné de la monarchie coloniale britannique. Mais ainsi réapproprié », dit Charles Jones, il prit un essor inattendu et « s'étendit à partir de 1809 comme une véritable épidémie ».

C'est à cette date précise que l'écrivain Washington Irving publie *Knickerbocker's History* (1809)[32], roman qui va connaître un immense succès et contribuer à populariser la physionomie de Santa Claus, et surtout à lui octroyer un rôle tout à fait inédit. En narrant l'histoire drolatique de la fondation de New York, l'écrivain amorçait effectivement la première transition « littéraire » entre saint Nicolas et Santa Claus. Il participait ainsi, comme nous le verrons au chapitre suivant, avec quelques-uns de ses contemporains, appartenant comme lui à l'élite sociale new-yorkaise, à l'instauration d'une nouvelle « tradition » de Noël.

Dans son ouvrage, W. Irving raconte l'odyssée d'un équipage hollandais quittant Amsterdam au XVIIe siècle pour rejoindre l'Amérique. Saint Nicolas est la figure de proue de leur trois-mâts, il les protège contre la tempête et s'appelle encore *Sinter Klaas* (saint Nicolas en néerlandais).

Après un naufrage, un des marins endormis, Oloffe Van Kortlandt, dont le nom signifie « sans terre », rêve justement de devenir propriétaire terrien dans le Nouveau Monde. Le saint lui apparaît alors en songe et lui délivre un message qui sera lourd de conséquences. Après avoir allumé une pipe dont la fumée formait un énorme nuage au-dessus d'eux, il lui fit part en effet du désir qu'il avait de voir s'établir tous ces émigrants hollandais afin qu'ils construisent une ville, à l'endroit même signalé par le nuage de fumée, endroit qui n'était autre que l'île de *Mana-hatta* (Manhattan). En échange, *Sinter Klaas* promit de leur rendre visite chaque année sur son char céleste et de descendre par les cheminées de cette nouvelle cité, pour livrer des cadeaux aux enfants. A la fin de son récit, il quitta le marin en lui adressant un signe entendu, c'est-à-dire en posant un doigt sur son nez. Ce signe au XVIIIe siècle était l'équivalent du clin d'œil signifiant au marin hollandais que tout cela n'était qu'un rêve. Chacun voulut s'embarquer pour être le premier à conquérir cette « terre promise ». Cette migration mémorable eut lieu le 1er mai et fut longtemps référée dans la tradition de la fondation de La Nouvelle-Amsterdam, future ville de New York, comme le *grandmoving. Sinter Klaas* avait donc, en indiquant l'endroit de la fondation, joué le rôle de pionnier par rêveur interposé, mais aussi celui d'ancêtre tutélaire pour les New-Yorkais.

Cette fiction publiée le 6 décembre 1809 eut un énorme succès. On rapporte que certains en apprirent par cœur des passages, et *Knickerbocker* devint un nom si célèbre qu'il servit d'enseigne à des compagnies d'assurances, des boulangers et des marchands de glaces... commente J.-L. Hue. *Sinter Klaas* était devenu un Hollando-Américain portant des *knickerbockers* (pantalons courts et bouffants) et fumant la pipe. Ce nom était aussi celui par lequel se désignaient des amateurs d'histoire ancienne comme Washington Irving lui-même, ou un certain Georges Pintard qui avait le premier, semble-t-il, remis le personnage au goût du jour (dès 1810)[33]. Appartenant aussi à ce milieu très distingué, Clement Clarke Moore, professeur d'hébreu et de langues orientales au collège épiscopalien de New York, va à son tour, par l'intermédiaire d'un poème : *A Visit from St. Nicholas*, qu'il destinait à ses propres enfants, jouer un rôle déterminant dans l'imposition du *Santa Claus*, contemporain.

L'historien Stephen Nissenbaum[34] rappelle que Clement Clarke Moore, tout comme Washington Irving, appartenait au milieu nanti, conservateur et élitiste de New York. Episcopalien de la tendance la plus respectueuse de la hiérarchie *(High Church Faction)*, Clement Clarke Moore était aussi un anti-abolitionniste convaincu. Pour l'anecdote, on sait qu'il possédait cinq esclaves au moment où il écrivit son poème et avait déjà hérité de sa mère tout un secteur de la ville qui correspondrait aujourd'hui à la totalité du quartier de Chelsea. Il était surtout, commente Nissenbaum, effrayé par la croissance rapide de sa ville, le développement intensif du commerce et l'apparition conséquente de cette nouvelle population urbaine, cosmopolite et donc... inquiétante. En 1818 il publia, à ce propos, un pamphlet pour protester contre le développement anarchique de la ville et exprimer sa crainte d'avoir définitivement perdu la tranquillité et la beauté de cette cité.

Le poème parut le 23 décembre 1823 dans *Sentinel*, le journal local de Troy (Etat de New York), sous le titre initial, mais fut bientôt plus connu sous celui de : *La Nuit d'avant Noël* (The Night before Christmas)[35]. Son succès fut immédiat, et ce conte reproduit dans d'innombrables almanachs devint même un classique lorsque le *New York Book of Poetry* l'accueillit dans ses pages en 1837. Aujourd'hui encore, il n'est pas rare que les enfants américains le récitent le soir de Noël[36].

Mais la préfiguration de ce Santa Claus était, pourrait-on dire, déjà dans l'air. James H. Barnett signale en effet que, dès 1821, on pouvait trouver dans *The Children's Friend*, un petit livre publié à New York, des gravures colorées de Santa Claus, et déjà des références au traîneau et aux rennes.

Peu de temps après la publication de ce poème, un certain nombre d'artistes américains le peignirent ou le dessinèrent. Les portraits varièrent. Un premier de Sherman et Smith sortit dans *New York City Magazine* en 1843. Santa Claus y était petit, vêtu d'un manteau de fourrure, et portait une hotte d'où dépassait une crosse d'évêque. Il fumait une petite pipe hollandaise. Un autre dessinateur, J. G. Chapman, semble lui aussi pouvoir prétendre au statut de père illustrateur ; en 1847, il croqua le portrait, cette fois, d'un très grand Santa Claus, botté, vêtu d'une veste doublée de fourrure et portant une toque également fourrée. Les illustrations de T. C. Boyd (1848) le présentaient à nouveau dans un costume hollandais, portant les fameux *knickers* sur des bas blancs, une veste bordée de fourrure, un bonnet de trappeur et fumant une pipe. Un détail fera fortune, celui d'une de ses jambes engagée dans l'ouverture d'une cheminée en briques rouges, recouverte de neige. Ces nouvelles conventions s'imposèrent surtout après 1870[37].

Voici ce poème que la plupart des Américains aujourd'hui considèrent comme une « vieille tradition hollandaise », apportée au XVIIe siècle et progressivement américanisée.

La nuit d'avant Noël, dans toute la maison,
Nul être ne bougeait, pas même une souris ;
Les chaussettes pendaient, près de la cheminée,
Espérant la venue du bon saint Nicolas ;

Les enfants se nichaient au creux des lits douillets,
Des rêves de bonbons dansaient dans leurs esprits ;
Maman sous son fichu, et moi sous mon bonnet,
Préparions nos cerveaux au long sommeil d'hiver,

Quand de notre pelouse monta un tel fracas
Que je sautai du lit voir ce qui se passait,
Volant à la fenêtre, aussi prompt que l'éclair,
Repoussant les volets, relevant le châssis.

La lune qui jouait sur la neige récente
Donnait à chaque objet le lustre de midi,
Quant à mes yeux ravis, devinez qui parut,
Un tout petit traîneau, huit rennes minuscules.

Un petit vieux gaillard les menait prestement,
Je reconnus saint Nick dès le premier moment.
Plus rapides que l'aigle bondissaient ses coursiers,
Il sifflait et criait, interpellant chacun :

Allez, Fougueux ! Danseur !
Allez Fringant ! Rusé ! Comète ! Cupidon ! Vite, Elégant ! Eclair !

Sautez en haut du porche! Et vite en haut du mur!
Galopez, galopez! Filez à toute allure!

Comme les feuilles mortes que chasse l'ouragan,
Rencontrant un obstacle, remontent vers le ciel,
En haut de la maison bondissaient les coursiers,
Leur traîneau plein de jouets, entraînant Nicolas.

Alors, en un éclair, j'entendis sur le toit
Piaffer allègrement chaque petit sabot.
Quand je rentrai la tête pour me retourner,
Je vis saint Nick bondir hors de la cheminée.

Revêtu de fourrure de la tête aux pieds,
Son habit tout couvert de cendres et de suie,
Et un ballot de jouets jeté sur son épaule,
C'était un camelot prêt à ouvrir son sac.

Ses yeux comme ils brillaient! Ses pommettes joyeuses,
Ses joues au teint fleuri et son nez en cerise!
Sa drôle de petite bouche tendue comme un arc,
La barbe à son menton, aussi blanche que neige.

Il tenait une pipe serrée entre ses lèvres,
Un cercle de fumée auréolait son front;
Il avait large tête et petit ventre rond,
Qui tremblait à son rire, comme un bol de gelée.

Joufflu, dodu, tel un joyeux lutin :
Je ne pus m'empêcher de rire en le voyant;
En un petit clin d'œil et un signe de tête
Il m'assura bientôt que je ne craignais rien.

Sans prononcer un mot, il se mit à la tâche,
Et remplit tous les bas, puis se tourna soudain,
Un doigt le long du nez, pour un petit salut,
Avant de remonter dedans la cheminée.

Il reprit son traîneau, siffla son attelage,
Et tous s'évaporèrent, tels duvets d'un chardon,
Mais je l'entendis bien crier en s'éloignant :
JOYEUX NOËL À TOUS, ET À TOUS BONNE NUIT !

Cette *Nuit d'avant Noël* obligeait à fêter saint Nicolas le 24 décembre, ce qui n'était pas encore dans les habitudes. Progressivement les Etats retiendront pourtant cette date comme la date officielle. L'Alabama sera le premier à l'adopter en 1836. Entre 1861 et 1865, la plupart en firent une fête légale[38].

En dehors de cette question de date, l'apparition d'un Santa Claus aussi petit qu'un lutin interroge sur les raisons d'une telle métamorphose. Pour Stephen Nissenbaum, c'est ici « la métaphore d'un apprivoisement social de la fête ». Moore, comme ses pairs Irving ou Pintard, est effrayé par le monde de la rue qui mendie, mais aussi rançonne, et le soir de Noël déambule, fait du tapage, boit et danse. Lorsqu'il remodèle Santa Claus, il lui donne l'allure d'un plébéien, qui comme eux fume une courte pipe (signe social d'appartenance au milieu populaire). Cependant, ce personnage, qui ressemble dans le dessin de Thomas Nast en 1863 à un colporteur ou encore à « un camelot prêt à ouvrir son sac », ne vient plus rien demander à ses maîtres, comme dans les Noëls passés, en échange de ses services et de son dévouement. C'est lui, désormais, qui apporte des cadeaux aux enfants de ces anciens maîtres, et bientôt à tous les autres sans distinction. Saint Nicolas, dit St. Nissenbaum, a perdu « en dignité et en austérité », il a été « défroqué » en quelque sorte pour ressembler à ce « petit vieux gaillard et ventripotent de St. Nick », à ce gai luron, à l'air si populaire.

Cette transfiguration, analysée comme une véritable « catharsis sociale », déculpabilisait les patriciens de New York et apaisait leur crainte. Désormais c'était à l'enfant que l'on allait offrir des présents en échange de sa gentillesse, comme on le faisait autrefois avec les subordonnés en échange de leur soumission. Or celle-ci n'est plus du tout assurée dans le contexte social de ce début du XIXe siècle. Aussi, le nouveau Santa Claus était-il devenu très contemporain, en phase avec la nouvelle société américaine, qu'il essayait en quelque sorte d'intégrer. Il avait l'allure d'un homme de la rue sans en avoir l'animosité et récompensait comme le saint évêque auquel avait été définitivement ôté le pouvoir de punir[39]. Il finira du reste par s'embourgeoiser et par fumer de longues pipes, signe cette fois de distinction sociale.

Mais l'hypothèse d'une revanche ou d'une récupération sociale de la part des anglicans[40] sur les catholiques est aussi assez séduisante car, en créant un Santa Claus aussi petit qu'un elfe, *a right jolly old elf*, Moore s'inspirait d'une série de personnages légendaires présents dans le folklore des communautés allemandes, hollandaises et norvégiennes installées aux Etats-Unis, retirant de ce fait à saint Nicolas ses derniers attributs « papistes » et répressifs.

A la même époque se produit une transformation similaire dans l'Allemagne protestante du Nord, qui affecte *Knecht Ruprecht*, c'est-à-dire le valet de saint Nicolas, Père Fouettard gigantesque qui menaçait les enfants sots et peu sages. Peu à peu il prend lui aussi l'allure d'un vieillard débonnaire, vêtu d'une houppelande *(Weihnachtsmann)*. Muni de sa hotte et d'un sac remplis de cadeaux, il rend visite aux enfants le soir de Noël. Ce que C. Lepagnol a appelé un phénomène de « dé-croquemitainisation » est ainsi à mettre en parallèle avec la création de Santa Claus par Moore. Les donateurs ne posent, en effet, plus de condition à leur passage [41].

Etrangement, Cl. Moore ne reconnut la paternité de cet écrit que trente ans après la publication de la nouvelle dans le plus total anonymat et apparemment sans son consentement !

Santa Claus, héros de l'Union et... du matérialisme américain

Thomas Nast fixera la métamorphose en lui offrant ses meilleurs portraits. Celui que l'on a reconnu comme le père du dessin humoristique, après avoir croqué Santa Claus comme un pauvre colporteur, en fera finalement et définitivement une magnifique « incarnation du matérialisme américain[42] ».

C'est étrangement la guerre de Sécession qui rendit célèbre l'humoriste, lorsque *Harper's Weekly*, le plus important magazine américain de cette époque, lui demanda de réaliser des illustrations destinées à informer et surtout à réconforter le public. En 1862, il dessina une première allégorie sous forme de diptyque intitulé *Veille de Noël* où, dans un médaillon, une jeune mère prie pendant que ses enfants dorment alors que, dans l'autre médaillon, son mari en uniforme de l'armée du Potomac contemple à la lueur du feu de camp une photographie de famille. Ce dessin devint aussitôt un symbole de la guerre dans le Nord. Une seconde illustration, *Santa Claus au camp*, représentait le saint, petit et rond, drapé dans la bannière étoilée, distribuant des cadeaux aux soldats nordistes.

La physionomie de ce *Santa Claus* n'évoluera plus guère. A la même époque Noël devint un jour férié dans toute l'Union, et Santa Claus un « emblème de l'opulence de la vie des familles nordistes[43] ». Nast renouvela tout au long de la guerre ses dessins à chaque veille de Noël. Santa Claus était devenu un héros de l'Union et Nast, de l'avis de Lincoln, son « meilleur agent recruteur ».

En 1885, le même Thomas Nast, décidément très imaginatif, décida de faire tomber le Père Noël des nues pour l'installer au pôle Nord. Dans un dessin mettant en scène deux enfants regardant une carte du monde, il lui invente un pays natal. L'année suivante, l'écrivain George P. Webster reprenait cette idée et précisait que « sa manufacture de jouets et sa demeure » étaient pendant les longs mois d'été enfouies sous la glace et la neige du pôle Nord. Louis Prang — qui introduisit les cartes de Noël aux Etats-Unis en 1875 — participa lui aussi à la construction du mythe en lui ajoutant la grosse ceinture noire, les bottes et la capuche... et surtout ce fameux sac en toile marron dans lequel il transporte les jouets depuis qu'il n'a plus de hotte.

Aux Etats-Unis la popularité de Santa Claus ne cessera d'augmenter, bénéficiant de « l'idéologie de la réussite individuelle et de l'importance des symboles de richesse [44] », et l'incarnant en même temps. En gâtant toujours davantage les enfants, en leur offrant des cadeaux toujours plus onéreux et luxueux, Santa Claus s'affirmera à la fois comme un symbole national de générosité, mais aussi de réussite matérielle ; il deviendra de ce fait un outil de promotion commerciale sans précédent. En 1930, nous l'avons vu, Coca-Cola, qui voulait élargir son marché en impliquant davantage le jeune public, demanda à Haddon Sublom d'utiliser Santa Claus comme argument publicitaire. Les couleurs rouge et blanche de la marque Coca-Cola fixèrent celles de l'uniforme du Père Noël contemporain [45]. L'histoire américaine du personnage créé dans la crainte de la misère engendrée par le capitalisme naissant était ainsi rattrapée par l'un de ses symboles les plus populaires.

En Angleterre, Santa Claus resta inconnu jusqu'à la fin du XIXe siècle. « Personne à cette période n'en a encore entendu parler », écrit J. Pimlott ; *Father Christmas* reste le seul symbole séculier de la fête et de ses réjouissances. Vraisemblablement d'origine germanique, souvent habillé de vert, portant une couronne de houx sur la tête [46], cette figure païenne hante de nombreuses images victoriennes, veillant avec malice sur Noël.

Un dessinateur souvent oublié des biographies françaises, John Tenniel — qui n'est autre que l'illustrateur d'*Alice au pays des merveilles* —, avait pourtant lui aussi transformé *Father Christmas* en une véritable institution nationale. Il fut à l'Angleterre ce que Nast avait été à l'Amérique. L'une de ses illustrations datée de 1896 représente *Father Christmas*, vêtu d'une tunique d'un rouge intense doublée de fourrure blanche, son capuchon orné d'une couronne de houx, portant des sortes de chausses moyenâgeuses, il chevauche une étrange automobile taillée dans une bûche géante. C'est un Père Noël que la légende nous décrit comme étant *up to date*, mais encore doté de la bûche et du gui, deux symboles païens remis au goût du jour.

En 1891, le poème de Moore est publié en Angleterre et contribuera à façonner l'imaginaire des petits Anglais. Si personne n'a jamais prétendu, selon Pimlott, que ce poème « était de grande qualité, il créa, à l'instar du *Conte de Noël* de Dickens, une mode qui n'a toujours pas été dépassée jusqu'à présent ».

Quant à Thomas Nast, il réunira tous les portraits de Santa Claus dans un volume intitulé *Dessins de Noël pour la race humaine*. Ce titre prometteur et ambitieux s'est révélé d'une lucidité certaine, car cent cinquante ans plus tard ses dessins et ceux de ses contemporains sont une fois de plus commentés [47]. Plusieurs ont inspiré des albums [48] proposés en France aux enfants sages (et bilingues). La quatrième de couverture illustre bien cette envie de généalogie propre à l'époque : « Saint Nicolas, saint patron de la Russie, des marins, des écoliers et des enfants, fit de nombreux miracles, mais aucun ne fut plus miraculeux que sa propre et unique immortalité sur une période couvrant mille cinq cents ans, ses incarnations colorées (pèlerin médiéval, philanthrope, démon cornu, le protestant allemand *Kriss Kringle*, le Hollandais *Sinter Klass, Father Christmas*, anglais, enfin *Santa Claus* américain) l'ont relié à la naissance du Christ, à la générosité et aux enfants, assurant ainsi sa survie comme le plus populaire des saints [49]. » La synthèse se veut exhaustive et donne l'idée du chemin généalogique parcouru par ce héros aux avatars multiples.

En France, il faudra attendre les lendemains de la Seconde Guerre mondiale pour que Santa Claus s'impose au même titre que le Coca-Cola et les chewing-gums. Il était cette fois indubitable que sa « grande vogue » était liée non seulement au savoir-faire américain [50], mais également au prestige dont l'Amérique jouissait en France dans l'immédiate après-guerre. Pays des libérateurs, la fascination restait forte à l'égard d'un mode de vie dont la presse, notamment féminine, se faisait largement l'écho [51].

Cette mode ne fut d'ailleurs pas du goût des autorités ecclésiastiques françaises. Leur critique visait la « croyance grandissante » au Père Noël, qui fut alors traitée de nouvelle hérésie et de tentative délibérée d'« amollissement de l'âme enfantine ». Par un curieux retour des choses, cette nouvelle divinité y fut confirmée dans ses origines païennes par un anthropologue de renom déjà cité, Claude Lévi-Strauss.

Retour aux sources

C'est à partir d'un très mauvais pas dans lequel se trouva le Père Noël en France au lendemain de la guerre que Claude Lévi-Strauss dénouera des fils longs de plus de deux millénaires, et en outre, comparatisme anthropologique oblige, établira des liens avec des sociétés « sans écriture ».

A l'origine de sa réflexion se trouve un fait divers assez surréaliste. Le 24 décembre 1951, l'effigie du Père Noël fut pendue aux grilles de la cathédrale de Dijon et brûlée sur le parvis devant les enfants des patronages « médusés ». Prétextant une « paganisation inquiétante de la fête de la Nativité, détournant l'esprit public du sens proprement chrétien de cette commémoration, au profit d'un mythe sans valeur religieuse », les autorités ecclésiastiques ne pardonnaient pas au Père Noël de s'être introduit dans toutes les écoles publiques d'où, pourtant, la crèche était déjà scrupuleusement bannie [52]. L'Eglise protestante avait apporté son soutien à l'Eglise catholique dans ce procès. Cette condamnation du Père Noël pour « usurpation et hérésie » ne fit pourtant pas l'unanimité, y compris chez les catholiques eux-mêmes. Mais, chose remarquable, l'événement eut un retentissement national et, le jour même, « l'autodafé de Dijon » non seulement faisait l'éditorial d'un des quotidiens les plus lus à l'époque, *France-Soir*, mais fut également commenté dans tous les autres journaux.

L'hebdomadaire *Carrefour* du 18 décembre 1951 ouvre le débat entre Gilbert Cesbron, pour le « réquisitoire », et René Barjavel, pour le « plaidoyer ». L'éditorial rappelait que « ce n'était là que l'aboutissement d'une campagne contre la légende du Père Noël, campagne menée de front par certains catholiques, que rejoignent plusieurs savants, éducateurs, psychanalystes, ainsi que les théoriciens marxistes et le gouvernement de l'URSS ». Quantité d'ennemis en somme, mais pour des raisons que l'on imagine bien différentes, quoique toutes trouvaient leur justification dans l'« aliénation » dont le personnage était prétendument porteur[53].

Le dénouement fut finalement heureux et le soir même de ce 24 décembre 1951, à dix-huit heures précises, le Père Noël ressuscita !

Un communiqué officiel annonça que « comme chaque année les enfants de Dijon étaient convoqués place de la Libération et que le Père Noël leur parlerait du haut des toits de l'hôtel de ville où il circulerait sous le feu des projecteurs ». Pour Claude Lévi-Strauss, l'occasion est « inespérée », car, « ce n'est pas tous les jours que l'ethnologue trouve ainsi l'occasion d'observer dans sa propre société la croissance subite d'un rite et même d'un culte, d'en rechercher les causes et d'en étudier l'impact sur les autres formes de la vie religieuse ».

Que l'Amérique ait exporté sa fête de Noël depuis la fin de la guerre et surtout que la France l'ait si vite adoptée va lui permettre de mener une réflexion sur ce qu'il appellera une « vaste expérience de diffusion par stimulation », proche de ce qui peut s'observer dans des exemples lointains. Tous ces usages se sont implantés et acclimatés en France avec une aisance et une généralité qui sont « une leçon à méditer pour l'historien des civilisations ». Mais la notion d'« emprunt culturel » qui est au centre de cette expérience ne suffit pas à l'auteur à expliquer pourquoi ce phénomène a « pris », ici en France, au lendemain de la guerre. Il est étonnant de constater, d'une part, que des coutumes américaines s'imposent à des catégories sociales qui ne connaissent pas leurs origines comme « les ouvriers communistes qui les adoptent très vite », et que, d'autre part, « dès avant la guerre, la célébration de Noël était en pleine expansion dans toute l'Europe », rappelle l'auteur. Par conséquent, si Noël est une fête moderne, cette modernité ne s'invente pas mais se recompose à partir d'éléments anciens. Noël est un rituel qui a « déjà beaucoup fluctué avec l'histoire (...) de très vieux éléments sont donc brassés pour perpétuer, transformer ou revivifier des usages anciens ». Après des apogées et des déclins, la forme américaine que nous connaissons encore aujourd'hui, avec ses « grands sapins dressés aux carrefours, illuminés la nuit, ses papiers d'emballage historiés, ses cartes de vœux à vignette et les personnages déguisés en Père Noël » devant les grands magasins n'est que « le dernier de ses avatars » et non une ultime survivance. Quant au Père Noël, la diversité des noms qui lui sont associés montre qu'il n'est pas, lui non plus, la survivance d'un « prototype ancien », mais bien le « produit » et « la divinité d'une classe d'âge ».

Il existe d'un point de vue diachronique d'autres analogies qui cette fois nous renvoient à la période où Noël était propice à l'inversion du cours ordinaire de la vie.

Au Moyen Age la jeunesse élisait son souverain *l'abbé de Liesse* ou *abbé de la Malgouverné*, qui était pour une durée déterminée « le roi de Noël ». Or la fonction essentielle de l'*abbé de Liesse* était de « commander les excès ». Avec l'invention du Père Noël, « le jeune abbé, écrit Lévi-Strauss, est devenu un vieillard (...) un personnage réel est devenu un personnage mythique ; une émanation de la jeunesse s'est transformée en ancêtre bienveillant et "l'apôtre de l'inconduite" s'est chargé, en la personne du Père Noël, de sanctionner la bonne conduite » [54].

Figure d'une splendeur toute païenne, le Père Noël supplicié en public tel le roi des Saturnales, condamné au bûcher tel celui du Carnaval, a donné, poursuit Lévi-Strauss, aux autorités ecclésiastiques l'occasion inattendue de le « restaurer dans sa plénitude ». « Après une éclipse de quelques millénaires, ils se sont en effet chargés sous prétexte de la détruire de prouver eux-mêmes la pérennité de cette figure rituelle » [55]. Cette étrange résurrection annonçait aussi le début d'une notoriété bientôt universelle.

Chapitre III

L'« ESPRIT DE NOËL » NAISSANCE DE LA FÊTE MODERNE AU XIXe SIÈCLE

> Un repas de Noël en famille, nous ne connaissons rien dans la nature qui soit plus merveilleux. Il semble y avoir une magie dans le nom même de Noël. Les jalousies et les discordes mesquines sont oubliées : les sentiments de sociabilité se réveillent dans les cœurs qu'ils avaient depuis longtemps désertés (...) Et tout n'est que bonté et bienveillance.
>
> CHARLES DICKENS,
> *Sketches for Boz* (1836).

C'est d'abord à l'Angleterre victorienne puis à l'Amérique de Roosevelt que l'on doit la forme contemporaine de la célébration familiale de Noël. La bourgeoisie d'alors, adepte et prosélyte d'une morale exaltant les vertus de la famille et fascinée par la réussite sociale et économique des siens, va s'emparer de cette fête pour lui faire incarner et symboliser ses nouvelles valeurs. Elle lui octroiera du même coup une place centrale, inconnue jusque-là, dans le cycle festif annuel.

Si certains historiens anglo-saxons ont pu parler à ce sujet d'une « invention victorienne », la transformation profonde du sens même de la fête de Noël est aussi directement liée à l'avènement d'un nouveau souci pour la vie privée. Bien qu'elle existât dans les grandes maisons aristocratiques, la « réunion de famille » n'occupait pas encore la place centrale qui sera la sienne désormais et les enfants n'étaient pas encore l'objet d'une attention particulière à cette occasion. Là réside sans doute l'ingéniosité, sinon l'inventivité de cette société qui a su tirer parti d'une fête collective, riche de ses références païennes et populaires, pour valoriser le « foyer » qui devient à cette époque une sorte de refuge, un rempart face à une société qui s'industrialise brutalement [1]. La famille comme la *privacy* [2] furent alors des aspirations prioritaires et Noël apparut comme la scène opportune de leur ritualisation, celle où allait pouvoir s'exhiber de façon allégorique la distinction entre les deux sphères, privée et publique.

Pour aller de l'une à l'autre, certains passages deviennent des pratiques obligées et surtout conformes au nouveau rêve bourgeois. Parmi ces pratiques, la charité se révélera la plus gratifiante et la moins menacée. Or Noël est la période de l'année où le sentiment et la pratique charitables pourront se déployer avec toute l'emphase voulue et donner un temps l'illusion que l'injustice sociale a trouvé son remède.

Famille, enfance et charité forgeront dès lors une sorte de nouvelle « trinité » profane, qui va à présent façonner l'éthique autant religieuse que laïque de la fête et séduire progressivement les bourgeoisies européennes mais aussi celles outre-Atlantique. Après l'Angleterre, l'Allemagne et l'Amérique, c'est en France au milieu du XXe siècle que les familles vont à leur tour célébrer Noël en « s'autocélébrant », selon l'expression d'Anne Martin-Fugier qui montre qu'un passage s'effectue à cette époque précise « du rituel religieux au rituel familial ». Noël comme la villégiature d'été vont faire désormais partie des grands rites de rassemblements familiaux qui scandent l'année bourgeoise [3].

Mais le rituel religieux n'est pas le seul à subir ce transfert sur la famille. C'est tout un ensemble de traditions païennes, anciennes et collectives qui se trouvent ainsi pourrait-on dire « privatisé » ou parfois abandonné, car ce recentrement sur le foyer s'accompagne aussi d'un début d'uniformisation des traditions et du décor. Dès le milieu du XIXe siècle se produit, en effet, un vaste mouvement syncrétique [4] qui va privilégier certains usages au détriment d'autres. Ainsi voit-on se propager dans plusieurs pays d'Europe des coutumes similaires, comme celle des chaussettes pendues devant la cheminée, celle du sapin décoré [5], qui sont toutes deux d'origine allemande, ou encore celle des cartes de souhait qui vient de naître en Angleterre. Ce scénario domestiqué et ce consensus décoratif signent l'entrée de Noël dans la modernité.

Famille, enfance et charité : une nouvelle trinité

Dans l'Angleterre du début du XIXe siècle, aussi surprenant que cela puisse paraître pour ce pays qui lui avait toujours accordé la plus grande importance [6], Noël n'est plus en ville une fête majeure du calendrier, ni d'ailleurs une fête populaire. Les journaux l'ignorent complètement. Il faut savoir qu'au XVIIe siècle, les puritains l'avaient banni du calendrier des fêtes. Le Parlement avait du reste mis un point d'honneur en 1644 à tenir sa session le 25 décembre, qui devait être un jour de « repentir et d'examen de conscience ». Cependant leur succès fut limité et cette législation interdisant Noël fut contestée en maints endroits. Les puritains craignaient en effet la résurgence d'un cycle très ancien qui scandait travail et fête, faisant de cette dernière un temps de bombance où les valeurs quotidiennes s'inversaient et explosaient littéralement [7]. Cette mise à l'index de la fête par une partie de la population explique sans doute qu'au début du XIXe siècle on en parle assez peu. Ainsi James Pimlott note qu'entre 1790 et 1835, le *Times* n'en fait pas mention. Pour un commentateur de l'époque, Noël est « tout simplement devenu unc simple occasion de boire et de manger, sans plus ». Dans la même veine, en 1824, un journaliste de la revue *Gentleman's* déclare que « Noël est à peu près aussi négligé aujourd'hui que le savoir-vivre », mais il ne manque pas de remarquer qu'à

« Londres, seule la *middle-class* lui attache quelque importance » et que « les pauvres le font très vite dégénérer en débauche et beuveries de toutes sortes » [8]. La cause de cette désaffection semble liée au vaste mouvement d'émigration de la campagne vers les villes qui s'industrialisent rapidement [9]. La population urbaine est mobile et les nouveaux arrivants abandonnent leurs coutumes locales en quittant leurs provinces d'origine. Il règne un état d'anomie sociale tel que la plupart des fêtes qui se déroulaient autrefois dans leur environnement folklorique régional sont sans ancrage dans ces grandes agglomérations où une partie de la nouvelle population ouvrière vit dans l'indigence. Dans ce contexte, Noël semble aux yeux de la bourgeoisie n'être plus que le spectacle du désordre social et de la misère morale.

Le contexte de ces années 1840, dites *Hungry Forties* (les années quarante de la faim), est en effet celui de la pauvreté, de la famine. L'industrialisation qui s'accomplit en Angleterre beaucoup plus brutalement et rapidement que partout ailleurs en Europe provoque dès le début du XIXe siècle de gigantesques regroupements de populations autour des centres textiles et des mines de charbon [10]. Les paysans chassés des campagnes par le développement de la grande propriété, sollicités par l'industrie nouvelle, forment alors ces millions « de sans feu ni lieu » décrits par Marx et Engels [11], et parmi lesquels on trouve ces acteurs essentiels que sont les femmes mais aussi les enfants dont le travail est un avantage pour tout le monde, employeurs, employés et parents eux-mêmes. La « révolution industrielle» marque à la fois la fin d'un certain type de communauté restreinte liée par des traditions et des solidarités particulières [12], mais aussi la suppression en 1832 de ces *poor laws* (lois au profit des pauvres) qui dataient de la période élisabéthaine. La charité, notamment à travers les œuvres de bienfaisance, va alors prendre une nouvelle importance; elle fera désormais partie inhérente d'une culture bourgeoise très influencée par les idéaux religieux qui viennent de l'évangélicalisme [13] ou de l'Eglise anglicane elle-même. L'évangélicalisme, spécialement, eut un rôle déterminant dans la conception du «public et du privé» [14]. Le «foyer» était devenu pour ses adeptes tout aussi important qu'il l'avait été pour les puritains. La famille pouvait être la «petite Eglise», le «petit Etat» rêvés autrefois par ces derniers et soumis à son maître, «le lieu où avec la maîtresse de maison, ils pouvaient ensemble contrôler leurs enfants et leurs serviteurs», écrit Catherine Hall [15].

Le couple que formaient Victoria et Albert en fut d'une certaine façon l'image royale. Victoria, que l'on surnommait le «bouton de rose de l'Angleterre», se présentait en effet autant comme «une mère accomplie qu'une épouse parfaite». Son règne (1837-1901) rompait en cela avec l'époque précédente où pour le monarque «la licence morale était autorisée et même reconnue». Désormais, c'est «le mariage et la famille qui sont à la mode» [16].

Cette *privacy* victorienne, ses rites, son décor, vont rapidement fasciner l'Europe entière et son modèle se diffuser à la fois par la littérature, les voyageurs, mais aussi les *dandys* et les *miss* au service des « bonnes familles » [17]. Noël en sera l'un des motifs les plus saillants sinon son plus beau fleuron.

Charles Dickens, le chantre du Noël victorien

C'est Charles Dickens, l'écrivain le plus célèbre de son époque, qui reste pour nombre d'historiens l'« inventeur » du Noël victorien. Il est en réalité davantage un médiateur, qui assure la transition entre les deux formes de célébrations de Noël évoquées. La première renvoie à la fête ancienne, où la dépense concerne essentiellement la nourriture et la boisson ; où les invités, toujours nombreux, ne sont pas obligatoirement membres d'une même famille ; où les riches régalent les pauvres ; enfin où l'on danse et l'on chante. On la trouve dans *Les Aventures de M. Pickwick* (1836), où le vieux Wardle reçoit, le 25 décembre à Dingley Dell, la visite de Pickwick et de ses joyeux compères.

La seconde forme de célébration valorise la réunion familiale, son intimité, la sentimentalité de ses membres, et ne supporte plus aucun excès. Déjà présente dans *Un repas de Noël* (extrait des *Sketches for Boz*) [Esquisses de Boz], cette nouvelle « idéologie » de Noël comme fête de famille est vraiment révélée dans *Christmas Carol* [18] publié en 1843.

Dickens s'inscrivait, en fait, dans un genre littéraire déjà populaire, qui naquit au début du XVIIIe siècle sous la forme des *Annuals* (Almanachs) vendus à la période de Noël. Ceux-ci s'adressaient aux enfants et à leur mère et leur étaient d'ailleurs offerts à cette occasion. Ces *Christmas Books* firent florès de 1844 à 1850 puis disparurent assez rapidement [19]. Leur contenu n'était pas toujours d'une grande qualité littéraire, et pour cette raison de nombreux auteurs préférèrent garder l'anonymat. Néanmoins les talentueux Thackeray, Ruskin et Tennyson, et bien sûr Dickens lui-même, figurèrent au sommaire. Touchant le grand public, ils fournissaient aussi un cadeau idéal, se lisant facilement lors des veillées familiales. Ces livres qui alliaient romantisme et matérialisme, deux composantes importantes de la culture victorienne, respectaient également — et cela n'était pas le moindre de leurs mérites — les valeurs bourgeoises, d'ordre, d'équilibre, de discipline. Lénifiant tout sentiment d'injustice ou de révolte, ils renforçaient aussi discrètement celui de l'appartenance nationale. « Ne pas fêter Noël, dont l'histoire était tellement liée aux traditions nationales et aux nouvelles valeurs bourgeoises, c'était ne pas être tout à fait anglais [20]. »

Dans l'Angleterre de 1830, il existe alors deux groupes sociaux qui célèbrent Noël avec enthousiasme : la *gentry* (aristocratie) qui depuis toujours se rend à la messe de minuit, réunit beaucoup de monde autour d'un dîner de fête et distribue des petits présents aux domestiques et aux subalternes. L'autre groupe est composé de cette fraction de la bourgeoise urbaine exposée en première ligne à ce nouveau monde des affaires, anonyme et ambitieux, qui fera de cette fête l'occasion d'une réaffirmation de son espace privé. C'est dans cette *middle-class*[21] que vont se trouver les lecteurs les plus attentifs de Dickens et les plus fervents acteurs de la fête. Noël fut en quelque sorte l'« accident historique », selon la formule de James Carrier, « qui leur permit de symboliser leur relation à la famille par rapport au monde extérieur »[22]. Sa célébration est alors devenue autant profane que religieuse mais, surtout, elle théâtralise mieux qu'aucun autre rituel la séparation nouvelle de la sphère privée et de la sphère publique.

C'est dans ce contexte précis que parut *Christmas Carol* (Un conte de Noël), très exactement le 17 décembre 1843. L'idée du livre était venue, semble-t-il, à Dickens, quelques semaines plus tôt, lors précisément d'une assemblée de l'Association philanthropique de Manchester, où il avait été invité en compagnie de Disraeli, alors député à la Chambre des communes[23]. Lors de cette séance, Dickens avait développé la thèse qui lui était chère et selon laquelle le remède aux maux sociaux résidait dans la mise en place d'un enseignement à l'intention des plus pauvres. Après le pain, l'instruction était de son point de vue « le premier besoin du peuple », et ce n'est pas un hasard si les deux enfants qui apparaissent au milieu du livre, « malheureux, abjects, effrayants, hideux, misérables », ont pour noms Ignorance et Misère[24]. Comme la plupart de ses contemporains radicaux, il croyait à la « force mobilisatrice de la sympathie » et la critique sociale était selon lui d'autant plus efficace qu'elle suscitait l'émotion[25]. Cette attitude compréhensive et compatissante était renforcée par les souvenirs de son enfance passée dans le quartier pauvre de Camden Town, situé au nord de la ville, où, fils d'un modeste régisseur, il connaîtra à douze ans, l'humiliation d'être obligé de quitter l'école durant plusieurs mois pour travailler dans une fabrique de cirage[26].

Christmas Carol[27] obtint rapidement un prodigieux succès, car à la fois il faisait référence à ce « merveilleux » propre à la littérature gothique, dont le public raffolait (les spectres qui rendent visite à Scrooge), et il répondait aux exigences d'une bourgeoisie en train d'affûter ses nouvelles armes caritatives et paternalistes. En composant « une fable sociale où le surnaturel était si adroitement utilisé », il ne choquait — de l'avis de Fred Kaplan, son dernier biographe — « ni les chrétiens ni les matérialistes ». Elevé par des parents anglicans, Dickens souhaitait effectivement « une religion de cœur qui transcendât tout dogme sectaire ».

De fait, il plut à des publics très divers. Le journal chartiste[28] *The Northern Star* du 21 décembre 1844 qualifia Dickens de « poète des pauvres », et W. M. Thackeray[29], romancier et journaliste, pouvait affirmer avec son ironie habituelle que le livre avait beaucoup contribué au développement de l'hospitalité dans toute l'Angleterre, de même qu'il avait entraîné un horrible massacre de dindes de Noël[30].

La « philosophie de Noël », ou l'éloge de l'harmonie sociale

Ebezener Scrooge est le personnage central de ce conte. Ce n'est plus un *lord*, ni un *gentleman-farmer*, comme chez W. Irving ; c'est un usurier quelconque, « le plus cruel avare de la terre », « dur et anguleux comme une pierre à feu de laquelle aucun acier n'avait jamais fait jaillir une étincelle de générosité, il est aussi secret, solitaire et fermé comme une huître » [31]. Il fait lui aussi partie de cette nouvelle *middle-class* de petits boutiquiers et commerçants. Scrooge a négligé sa famille, pressuré les pauvres, sacrifié sa fiancée par avarice et toujours refusé de célébrer Noël. Ce refus est ici le paradigme de sa médiocrité, de son égoïsme et de son indifférence aux autres.

Ce triste et terne personnage s'oppose en tous points à son neveu, « au beau visage et aux yeux étincelants », qui, de son côté, n'hésite pas un instant à lui souhaiter un « Joyeux Noël » auquel Scrooge répondra : « Si ça ne tenait qu'à moi, je ferais bouillir dans l'eau de leur propre *pudding* tous les idiots qui se promènent avec un "Joyeux Noël" aux lèvres et je les enterrerais avec une branche de houx plantée dans le cœur ! »

Face à cette déclaration sans appel, la réplique résolument humaniste et optimiste du neveu résume à elle seule la nouvelle « philosophie de Noël » :

J'ai toujours considéré cette période comme une bonne période (...) une période agréable, de bonté, de pardon et de charité ; le seul moment que je connaisse, dans tout le long calendrier de l'année, où hommes et femmes semblent consentir à ouvrir librement leur cœur endurci et à considérer leurs subalternes comme de vrais compagnons (...) Et bien que Noël n'ait jamais déposé une once d'or ou d'argent dans ma poche, j'estime qu'il m'a procuré du bien et continuera de le faire.

Mais Scrooge, le misanthrope, va devoir répondre de ses actes passés. Les spectres qui paient leurs erreurs en cette veille glaciale vont lui rendre visite. Ils sont ces trois « Esprits de Noël[32] », du passé, du présent et du futur, qui vont le poursuivre et lui faire revivre en songe tout ce qu'il n'a su ni voir ni entendre au cours de sa vie déjà bien avancée. Au cours d'un de ces « retours » il lui arrivera d'être le témoin invisible d'un repas de Noël chez son propre employé Bob Cratchit, celui qu'il exploite et méprise tout au long de l'année, mais qui a la chance de fêter Noël « en famille ». Après bien des péripéties oniriques, le troisième Esprit de Noël, celui du futur, le force à être le spectateur impuissant de sa propre mort, mort dont nul ne se soucie et dont quelques personnes sans scrupules tirent même un ultime et maigre profit. A son réveil, Scrooge horrifié prend peu à peu conscience du message transmis par les Esprits et se convertit aussitôt et définitivement à la « philosophie de Noël ». Or la première sensation concrète de cette transformation radicale est l'amnésie, synonyme d'innocence, qui l'est à son tour de l'enfance retrouvée :

Je ne sais plus quel jour du mois nous sommes, fit Scrooge, j'ignore combien de temps j'ai passé avec les Esprits. Je ne sais plus rien. Je suis comme un petit enfant. Tant pis, peu m'importe ! J'aimerais beaucoup être un petit enfant. Holà, hop, hourra [33] !

Dès ce moment, on apprend qu'« il n'eut plus de commerce avec les Esprits, mais entretint de meilleurs rapports avec ses semblables, et l'on avait coutume de dire que personne mieux que lui ne s'entendait à célébrer la fête de Noël [34] ». On retrouve, ici, toutes les vertus paternalistes : charité, bonté, et le subalterne conçu comme un vrai compagnon.

Cependant la « philosophie de Noël » ne se limite pas à cette découverte de la compassion pour ceux qui acceptent leur statut misérable, elle est aussi une ode à la famille, saisie — ce qui est nouveau — à travers les liens affectueux qui unissent les différentes générations. La famille, parce qu'elle est devenue un espace privé et sentimental, va faire supporter l'aliénation et briser toute aspiration sociale, qui serait finalement « déplacée ».

Cette « nouvelle » famille est chez Dickens symbolisée par la chaleur de la maison de Bob Cratchit opposée à la froideur de celle de Scrooge, célibataire et sans descendance. Les Cratchit sont pauvres mais fêter Noël « tous ensemble » suffit à leur bonheur.

La mère s'est débrouillée pour confectionner un « vrai » dîner de réveillon qui se compose d'une oie parfumée à la sauge servie avec une compote de pommes. A ce repas traditionnel ne manque pas non plus le fameux pudding, « surmonté du classique brin de houx, et baignant dans un quart de pinte de *brandy*, qu'on enflamme », ce pudding dont personne n'aurait osé dire ni même penser qu'il était « bien petit pour une si grande famille »[35]. Pourtant, insiste Dickens, « les membres de cette famille n'ont rien de remarquable », ils ne sont « ni beaux ni élégants (...) mais ils possèdent cette conscience d'être heureux ensemble, reconnaissants, et pleins d'affection les uns pour les autres ».

L'enfant, qui sera bientôt au centre de la fête et le prétexte à réunir les générations, tient dans le conte une place importante mais encore précaire. Le petit Tim, le plus jeune des enfants Cratchit, est en effet un infirme ; personnalité maladive, que l'on sent en sursis, il est cependant décrit comme un « modèle de sagesse et de courage pour tous les autres ». Tim sera finalement épargné par l'écrivain, mais sa disparition prématurée était encore une fatalité assumée dans le précédent ouvrage, *Sketches for Boz* :

> Regardez les visages joyeux de vos enfants (si vous en avez) assis autour du feu. Un des petits sièges est peut-être vide ; une frêle silhouette dont la vue réjouissait le cœur du père et faisait la fierté de sa mère n'est peut-être plus là (...) Ne vous appesantissez pas sur le passé... Pensez à vos bonheurs présents[36].

Lorsque *Un conte de Noël* s'achève, Noël a eu définitivement raison de la misanthropie et l'enfance est sauve. Louée et incarnée par Tim, elle est synonyme de sagesse et de vertu. Ce n'est pas un hasard si Scrooge, en retrouvant la raison, retombe en enfance. L'esprit de

Noël, c'est encore cet éloge du bonheur et de la morale domestiques, qui peuvent, sans doute par contagion, assurer la paix sociale, l'antithèse donc de l'esprit de révolte ou de contestation. Peut-être était-ce là le plus sécurisant des messages pour le lecteur bourgeois.

Aussi ce conte venait-il à point nommé dans cette société en pleine transformation, focalisant ses aspirations tout en apaisant ses craintes. Stephen Nissenbaum fait remarquer que les pauvres du *Conte de Noël* ne sont jamais menaçants. La plus horrible des visions de Scrooge est celle où ils se partagent ce qui reste de ses biens autour de sa dépouille, or il n'y a ici que de l'indifférence, jamais d'agressivité. D'autre part, il constate que Scrooge ne rentre jamais vraiment en contact physique avec les Cratchit ; il leur fait livrer une dinde, mais ne leur offre pas lui-même. On peut imaginer que Bob Cratchit deviendra son employé le plus dévoué, alors que Scrooge lui-même était l'apprenti de son employeur, le vieux Fezziwig chez lequel il était d'ailleurs invité.

L'avènement de la *middle-class*, c'est cela aussi : l'apparition d'une charité qui va maintenir l'autre, en l'occurrence le pauvre, le plébéien, à bonne distance, aspirant à créer une société où le désordre n'a plus de sens, ni de raisons d'être [37]. Le nouveau Noël bourgeois sera l'allégorie parfaite de ces nouveaux territoires qui sont autant de nouveaux marquages sociaux.

Le succès du conte fut immédiat, qu'on en juge ! *Christmas Carol* se vendit à six mille exemplaires dès le premier mois de sa parution, c'est-à-dire en décembre 1843 [38], et atteignit le nombre de quinze mille au cours de la première année, tandis que neuf versions théâtrales furent jouées à Londres en 1844. L'ouvrage devenu une « véritable institution » selon un critique de l'époque ne cessa de faire l'objet de lectures publiques que Dickens donna à partir de 1858. Très en vogue à l'époque et pratiquées par de nombreux écrivains, ces lectures étaient l'occasion d'une sortie mondaine. Celles que fit Dickens attirèrent des milliers d'auditeurs. Ces séances avaient sur le public un véritable « effet hypnotique », raconte Fred Kaplan. A titre d'exemple, on peut citer ces deux lectures successives de l'ouvrage qui eurent lieu à Birmingham en décembre 1843 : la première fut donnée devant mille sept cents personnes, qui avaient affronté une tempête de neige pour venir l'entendre ; la seconde devant deux mille ouvriers au bénéfice du Birmingham and Midland Institute ! « Avec l'intérêt qu'il portait à l'éducation ouvrière, Dickens nota avec satisfaction qu'il aurait été impossible d'imaginer (...) public plus délicatement attentif (...) Ils ne perdirent rien, n'interprétèrent rien de travers, suivirent toute chose de près, rirent et pleurèrent avec le plus charmant sérieux[39]. » Après cette lecture, il reçut un « déluge » d'invitations. En 1866, lors, précisément, d'une de ces tournées américaines triomphales, sa « philosophie de Noël » fut accueillie avec enthousiasme et eut des conséquences aussi subites qu'inattendues, telle la « conversion » de cet industriel de Boston, Mr. Fairbanks, qui après avoir religieusement assisté à la lecture de *Christmas Carol* décida que Noël serait désormais un jour férié pour que ses ouvriers puissent célébrer la fête en famille. L'année suivante, il faisait distribuer à chacun et dans chacune de ses usines une dinde en cadeau[40].

Sorte de parabole accessible à tous, *Un conte de Noël* réussira néanmoins à captiver les publics anglais, américains et français pendant plus d'un siècle[41]. De nombreux Américains avaient en effet pris l'habitude de le lire en famille la veille de Noël. Il avait sa place comme la Bible dans toutes les bibliothèques. On sait que le président F. D. Roosevelt lui-même suivit ce qui était devenu un véritable rituel.

A Paris, Charles Dickens donnera trois lectures en langue anglaise, en 1856 et en 1863. Malgré l'obstacle supposé de la langue, le public fut si passionné que, lors de la dernière séance, les Parisiens massés devant l'ambassade d'Angleterre l'applaudirent tout le long de la rue du Faubourg-Saint-Honoré[42]. En 1870, la dernière année de sa vie fut celle aussi où il fut présenté à la reine Victoria, qui le pria de revenir faire une lecture du conte à Windsor tant elle avait apprécié le récit[43].

Les sans-famille

Si le lord dans la tradition « arrangée » de la vieille Angleterre rurale régale ses sujets et partage avec eux le festin, le bourgeois, lui, fait l'aumône et laisse l'enfant dehors, sous la neige et dans le froid. Chez Charles Dickens, Hector Malot, Victor Hugo, Hans Christian Andersen, l'enfant abandonné, errant, devient un personnage central. L'industrialisation l'a jeté dans la rue. Dickens, Malot, Hugo le sauveront, mais pas H.C. Andersen ou Camille Lemonnier pour lesquels le « miracle de Noël » n'aura pas lieu[44].

Victor Hugo dans le premier tome des *Misérables* en a fait en effet le jour précis de la rencontre de Cosette avec Jean Valjean près de la fontaine de Montfermeil, c'est-à-dire le jour où le destin de Cosette bascule. Le cadeau est le prélude à la redécouverte d'une filiation. A la vertu rédemptrice du conte de Dickens, on trouve par conséquent, comme en réplique la vertu providentielle chez Hugo, qui commence à rédiger cet ouvrage en trois tomes en 1845, c'est-à-dire deux ans après la parution en Angleterre de *Christmas Carol*. Il l'interrompra en 1848, « pour cause de révolution », pour l'achever en 1862.

Dans la préface, Victor Hugo évoque les trois problèmes du siècle : « la dégradation de l'homme par le prolétariat, la déchéance de la femme par la faim, enfin l'atrophie de l'enfant par la nuit ». L'ignorance et la misère présentes dans *Un conte de Noël* avaient aussi la figure de deux enfants « malheureux, abjects, effrayants, hideux, misérables ». Noël donne la mesure absolue de cette condition. Il permet à l'écrivain de décrire l'enfance dans son abandon social et familial le plus radical. Souvenons-nous : Cosette vient de rencontrer Jean Valjean. Il l'aide à porter son seau d'eau qu'elle a rempli à la fontaine de Montfermeil :

Ils atteignirent le village, Cosette guida l'étranger dans les rues. Ils passèrent devant la boulangerie, mais Cosette ne songea pas au pain qu'elle devait rapporter (...) Quand ils eurent laissé l'église derrière eux, l'homme voyant toutes ces boutiques en plein vent, demanda à Cosette : « C'est donc la foire ici ?

— Non monsieur, c'est Noël. »

Sur le chemin du retour qui les mène chez les Thénardier, Cosette et Jean Valjean passeront devant la fameuse *bimbeloterie* où se tient en vitrine la poupée merveilleuse à laquelle Cosette « ne put s'empêcher de jeter un regard ».

Quelques heures plus tard, l'homme frappé par l'injustice effrayante du sort de l'enfant lui offrira cette fameuse poupée, provoquant la rage de la Thénardier et la jalousie de ses filles. Et l'on assiste alors à cette scène d'anthologie où se confirme le changement de destinée de l'enfant :

> L'homme alla droit à la porte de la rue, l'ouvrit et sortit.
>
> Dès qu'il fut sorti, la Thénardier profita de son absence pour allonger sous la table à Cosette un grand coup de pied qui fit jeter à l'enfant les hauts cris.
>
> La porte se rouvrit, l'homme reparut, il portait dans ses mains la poupée fabuleuse dont nous avons parlé et que tous les marmots du village contemplaient depuis le matin, et il la posa debout devant Cosette en disant : « Tiens, c'est pour toi. »

L'enfant, le cadeau, l'espérance, la compassion, tous les éléments du Noël contemporain sont présents. L'espérance de l'enfant surtout, qui confirme que sa place est désormais devenue centrale dans le rite et qui prend ici l'apparence d'un sabot, un « affreux sabot du bois le plus grossier, à demi brisé et tout couvert de cendre et de boue desséchée ».

Cosette, avec cette touchante confiance des enfants qui peut être trompée toujours sans se décourager jamais, avait mis, elle aussi, son sabot dans la cheminée.
C'est une chose sublime et douce que l'espérance dans un enfant qui n'a jamais connu que le désespoir.

Sans famille est le titre évocateur d'un autre succès populaire, écrit par Hector Malot en 1878. La nuit de Noël y est là aussi, sinon un thème structurant, tout du moins un décor pour dire la cruauté de l'errance et du vagabondage des enfants. Mattia, Remi et leur chien Capi sont à Londres. Avec un violon et une harpe, ils vont jouer les « airs les plus tendres pour annoncer aux enfants qui dorment dans de vrais lits » l'approche de Noël. A la fin de chaque concert et après avoir souhaité « bonne nuit et gai Noël », Remi songe :

Cela doit être charmant d'entendre ainsi de la musique, la nuit, dans son lit, quand on est bien enveloppé dans une bonne couverture, sous un chaud édredon ; mais pour nous, dans les rues, il n'y a ni couverture, ni édredon. Il faut jouer cependant, bien que les doigts s'engourdissent à moitié gelés ; s'il y a des ciels de coton, où le brouillard nous pénètre de son humidité, il y a aussi des ciels d'azur et d'or où la bise du nord nous glace jusqu'aux os ; il n'y en a pas de doux et cléments. Ce temps de Noël nous fut cruel et, cependant, pas une seule nuit pendant trois semaines nous ne manquâmes de sortir.

Scène misérable et misérabiliste, s'il en fut, mais Remi retrouvera sa famille.

Chez H.C. Andersen ou C. Lemonnier, le « miracle » n'aura pas lieu et l'enfant mourra la nuit de Noël sans avoir pu retrouver les siens. La petite fille aux allumettes d'Andersen, le petit joueur de violon de Camille Lemonnier vont former la cohorte de ceux qui sont les laissés-pour-compte du nouveau Noël bourgeois et dont l'histoire « édifiante » sera racontée aux enfants plus nantis.

Une nouvelle imagerie

Toute une imagerie va désormais accompagner ces nouveaux motifs sociaux et littéraires et devenir rapidement populaire. La plupart des scènes illustrées des *Carols* en Angleterre inspirèrent les thèmes des premières cartes de Noël.

La première qui incluait aussi des vœux du Nouvel An fut l'œuvre de H. C. Horsley en 1843 [45]. Elle donne à voir — ce qui ne nous surprendra plus — un dîner réunissant trois générations dont tous les membres portent un toast à l'« ami absent ». De part et d'autre deux panneaux représentent — ce qui est aussi attendu — une scène de charité : celui de droite montre un *gentleman* offrant de la nourriture à un père et à sa petite fille, tous deux semblent très affamés ; celui de gauche met en scène une femme (sans doute l'épouse du premier) couvrant d'un vêtement les épaules d'une femme agenouillée. Tous les « motifs » sociaux du Noël modernisé sont ici réunis. Ils feront désormais partie d'un décor dont l'esthétique se veut pédagogique. La scène la plus fréquemment représentée fut celle d'enfants errant dans les rues et assistant au Noël des « riches » qu'ils aperçoivent à travers les fenêtres très éclairées des maisons bourgeoises.

A partir de cette époque, la force du lien entre les générations, la charité et l'hospitalité sont des thèmes destinés à circuler, à porter le message à ceux auxquels on envoie ces cartes. Souhaiter *Merry Christmas* et *Happy New Year* c'est rappeler chaque destinataire à ses devoirs familiaux et charitables. Nous en possédons aujourd'hui une expression équivalente mais transposée à travers les innombrables cartes de Noël vendues au profit des organisations humanitaires notamment. Enfants victimes de la guerre, de la famine, de la maladie, mais aussi de l'absence ou des maltraitances de la famille sont aujourd'hui devenus des arguments efficaces pour vendre les cartes de Noël dont une partie du prix sera versée à l'organisme de référence.

C'est vers 1860, au moment où disparaissent les almanachs, que l'usage des cartes va se généraliser en Angleterre [46] et aux Etats-Unis. Aujourd'hui, on assiste curieusement, dans toute l'Europe, à une remise au goût du jour de cette imagerie victorienne, proposée sous forme de cartes de Noël mais aussi de « chromos » à découper, d'autocollants pour la décoration de la maison.

L'esprit de Noël, ou la morale du foyer

Décorer sa maison, échanger des souhaits entre « familles » fait partie de ce qu'Edward Shorter a appelé l'« esprit domestique » qui va désormais accompagner la diffusion de la fête. Celle-ci devient, au XIXe siècle, essentiellement urbaine[47]. Or en ville seules la bourgeoisie et *a fortiori* l'aristocratie pourront se permettre en cette occasion de réunir plusieurs générations et de célébrer « dignement » Noël.

Les victoriens, charitables mais pragmatiques, ont alors eu le souci que tous sans exception puissent fêter Noël selon la « coutume », c'est-à-dire celle qu'ils étaient en train de fabriquer à leur convenance. Ils créèrent ainsi les *Goose Clubs*, sorte d'épargne populaire, qui s'ouvraient dès le mois de septembre et permettaient à raison de 2 ou 3 pence par mois que l'on s'offre en décembre une oie, une dinde ou encore une bouteille d'alcool. Le caricaturiste Phiz a donné une image précise de ces clubs, la veille de Noël. Parue dans *Illustrated London News* en 1850, on y découvre une société bigarrée, tout en mouvement, dans laquelle se distinguent les sourires d'enfants farceurs. L'atmosphère est joyeuse, animée et bruyante. Il y a foule et tout le monde rit ou fait des mines. Un homme sort, encadré par sa femme et leur fillette, en brandissant triomphalement l'oie qu'il vient de recevoir grâce à son épargne.

Une femme grimace en soupesant le volatile, trop maigre sans doute !

Les travaux sur la classe ouvrière britannique d'avant la Première Guerre mondiale ont révélé que Noël figurait « parmi les dates les plus importantes du calendrier », plus encore que les anniversaires et, même dans les familles très pauvres, un effort était fait pour décorer la maison et donner un présent aux enfants[48].

Il est intéressant, à ce propos, de comparer la gravure précédente datée de 1850 avec une seconde parue celle-ci dans *Graphic* en 1872 et faisant référence au même *Christmas Goose Club*. Celle-ci représente un père de famille dont le vêtement laisse supposer qu'il est ouvrier et qu'il rentre de l'usine ; il tient à la main une oie qu'il présente à sa femme avec une fierté retenue. Leur fillette vient de sortir d'une bassine remplie d'eau et reste sagement assise sur les genoux de sa mère qui l'essuie à l'aide d'une serviette. Le décor est très sobre et l'ambiance paisible. La joyeuse société de la précédente gravure a laissé place au couple et à l'enfant. Il s'agit non plus d'une scène publique mais d'une scène d'intérieur. L'homme est allé seul chercher son dû. On peut imaginer que le couple et leur enfant se préparent à dîner tous les trois en cette veille de Noël, raison pour laquelle on lave avec tant de soin la fillette. On avance dans le siècle et la célébration de Noël resserre les liens familiaux et participe à la moralisation du foyer. L'idéologie du *home sweet home*, qui apparaît vers 1870, est déjà en marche[49] : cette fête est son emblème.

A la différence des ouvriers de Londres, les milieux populaires français ne disposent pas des *Goose Clubs* ou *Christmas Clubs*. Ils s'imposent en conséquence mille privations pour arriver à économiser le prix de ce volatile. Ainsi à Marseille, « l'absence de dinde chez les femmes du peuple serait une calamité pour la famille et souvent pour se procurer cette pièce indispensable, elles portent en gage jusqu'aux couvertures de leur lit », ce qui en plein hiver même en Provence « est une marque de courage », fait remarquer l'auteur de l'article de *L'Illustration* du mois de décembre 1845. Dans cette région à forte tradition noélique, on apprend au passage que, si le 24 décembre le « gros souper » se compose toujours de la morue au vin et aux câpres, puis des carènes (oranges de Savone et de Naples, dattes d'Alger, vin cuit et nougat des campagnes), le soir du 25, c'est la dinde qui a la place d'honneur : « La dinde n'est plus seulement l'attribut de la fête bourgeoise et urbaine. Depuis le négociant jusqu'au paysan qui déjeune avec du pain noir et de l'eau, ce soir-là, chacun mange la dinde, qui n'est pas une dérision comme la poule au pot chaque dimanche. »

Le journaliste a raison : cette dinde de Noël n'était pas plus que le pudding des Cratchit une concession à la mode, une dérision, une dépense immodérée ; cette dinde était seulement le signe que pour tous les milieux célébrer Noël était devenu un droit, une revendication légitime et un signe d'intégration sociale.

Un esprit de Noël hégémonique

Si un rôle déterminant a été accordé à l'Angleterre dans cette nouvelle façon de célébrer Noël, c'est non seulement parce que cette fête est l'expression favorite de la morale et de la sensibilité victoriennes, mais aussi parce que la *privacy* qu'elle incarne admirablement a subjugué l'Europe entière : « La priorité accordée à l'Angleterre est sans doute justifiée, notamment dans la première moitié du XIXe siècle. Par la suite, l'Allemagne culturellement si forte et, au début du XXe siècle, les Etats-Unis exercent une attraction croissante et parfois concurrente », écrit Michelle Perrot [50].

De ce point de vue Noël apparaît aussi comme un produit exemplaire de tous ces « croisements » culturels. En France, dès sa publication en 1843, *L'Illustration*, journal hebdomadaire, fait ainsi preuve d'un intérêt appuyé pour le style de vie anglais. On y traduit par exemple dès le début de leur parution les contes de Dickens qui paraissent en feuilletons. En décembre 1846, sous le titre *Noël en Angleterre*, « Le repas de Noël » (un chapitre des *Sketches for Boz*) fut publié. Ce repas familial devenait sous la plume du journaliste français « le cœur même de la coutume », celle que « le temps avait heureusement préservée ». Ecrivant cela, il faisait preuve d'anglophilie. Elle ne cessera de s'amplifier... mais on le sent déjà abusé par la nostalgie prenant la forme récente pour la tradition ancienne.

Les gravures paraissant dans *Illustrated London News* sont aussi souvent reprises dans *L'Illustration* française. Le journaliste fait alors part de son étonnement devant l'énorme consommation de houx que font les Anglais. Cet intérêt porté aux coutumes se manifeste également dans *Le Petit Parisien* de décembre 1878 qui propose aux ménagères françaises de confectionner un pudding comme dessert pour le repas de réveillon !

On assiste donc à partir de la seconde moitié du XIXe siècle à une diffusion massive et presque simultanée de l'imagerie et déjà de certains usages victoriens en France. *Le Noël à Windsor*, où la reine Victoria et le prince Albert, entourés de leurs cinq enfants, sont debout autour de la table sur laquelle se dresse un sapin décoré en restera une des illustrations les plus célèbres. Ce sapin que Dickens appelait le « joli petit jouet allemand » est une coutume qui va se propager rapidement[51]. En France comme en Angleterre, elle fut introduite à la même époque par les familles royales qui innovent et, de fait, lancent une mode qui va se pérenniser.

En 1840 à Paris, c'est la duchesse Hélène de Mecklembourg, belle-fille de Louis-Philippe, qui fait dresser un sapin gigantesque, au jardin des Tuileries. A Londres, le prince Albert l'inaugure au château des Windsor en 1841. Ce faisant, ils importaient tous deux une coutume de leur pays natal, l'emprunt culturel pouvant aussi suivre les stratégies complexes des alliances souveraines.

Tout comme l'Angleterre, l'Allemagne servira de référence constante en matière de coutumes. Elle sera tout à la fois celle qui les respecte et dont il faut s'inspirer, car la nostalgie, cette éternelle compagne de la tradition, déjà se fait jour. En décembre 1849, le *Journal des jeunes filles* évoque « les mœurs allemandes » avec émotion, regrettant déjà que les Français ne sachent pas exploiter « l'atmosphère magique de Noël »... « On insiste sur le modèle germanique pour lequel la fête est l'occasion de réunir toutes les générations autour du foyer, celui des grands-parents en particulier[52]. »

Environ un demi-siècle après son homologue anglais, de décembre 1893, *L'Illustration* offre à ses lecteurs une Nativité en couverture et, en 1900, la revue inaugure son premier « Spécial Noël » qui, richement illustré, se présente comme « un cadeau en lui-même ».

Au début du siècle, l'esprit de Noël a soufflé sur toute l'Europe et l'Amérique[53]. Il a aussi conquis tous les milieux sociaux. Noël est devenu un prétexte nécessaire et suffisant pour réveillonner en famille, et croyants et non-croyants se livrent à ce nouvel usage avec autant de ferveur[54].

Le sapin illuminé, les générations réunies, les cadeaux faits à l'enfant et échangés entre proches, enfin la compassion envers les plus démunis, ont créé un modèle qui ne va plus varier fondamentalement.

Chapitre IV

DES CADEAUX PAR MILLIERS... OU LES PARADOXES DE LA CONSOMMATION SENTIMENTALE

Petit Papa Noël, quand tu descendras du ciel,
Avec des jouets par milliers,
N'oublie pas mon petit soulier.

TINO ROSSI[1].

A l'intérieur du magasin, c'est comme un grand chapiteau de lumière. On se croirait au cirque Medrano. On pourrait y faire du trapèze volant avec les grands lustres en cristal et regarder des tigres du Bengale sauter dans le « O » enflammé de Noël... C'est comme au cirque, mais ça sent pas la ménagerie. Ça sent Noël.

DANIEL PICOULY[2].

Lorsque Tino Rossi entonne, en décembre 1946, ce refrain qui deviendra l'un des plus célèbres du patrimoine de la chanson française, ce sont les jouets qui tombent de la hotte par milliers ; il fallait bien que leur nombre rime avec soulier et cette nécessaire assonance donnait du même coup l'idée de la dépense sans limites que Noël autorisait dans l'imaginaire de l'après-guerre.

Un demi-siècle plus tard, en décembre 1998, le quotidien *Libération* publie un hors-série illustré par la photographie d'un jeune homme scrutant la fameuse orange qui, telle une boule de cristal, doit lui révéler le secret des « présents très singuliers ». La même année la Fnac réutilise ce bel agrume et lui découpe des yeux en étoiles.

Que l'orange, le plus humble des présents de Noël, un des meilleurs souvenirs d'enfance modeste, soit devenue un argument publicitaire efficace pour des cadeaux toujours plus sophistiqués n'est qu'un paradoxe supplémentaire dans la longue série de ceux que la fête a générés depuis un siècle.

Si l'échange de cadeaux en famille est une pratique datant seulement du milieu du XIXe siècle, le fait le plus surprenant est que Noël, dès cette époque, devient l'objet d'une exploitation commerciale, en effet, systématique. La fête victorienne est déjà l'occasion de dépenses « inconsidérées », que favorisent l'expansion du petit commerce et l'apparition du fameux *Christmas shopping*. Synonyme d'excitation, de fatigue et surtout de dépense, celui-ci deviendra bientôt un élément essentiel des préparatifs de la fête.

Le « Christmas shopping » : un nouveau rituel

Si depuis le Moyen Age Noël a entraîné le monde à festoyer, il s'agissait surtout de faire bonne chère et, jusqu'à la moitié du XIXe siècle, la nourriture en fut l'unique dépense et la principale manifestation. Les commerces puis les marchés en ville étaient les premiers à annoncer que la fête avait commencé. Les épiceries de Londres regorgeaient de denrées appétissantes et exotiques, les gens les plus modestes se pressaient pour faire cuire leur dîner chez le boulanger. Des gravures parues dans *Illustrated London News* dans les années 1840 montrent les marchés de Newgate et Leadenhall littéralement envahis par les oies, les dindes (alors importées de France et d'Allemagne) et des porcs entiers suspendus en rangs serrés au-dessus des étals des bouchers. L'impression d'abondance domine ; des femmes en capeline et crinoline accompagnées d'hommes coiffés d'un haut-de-forme et d'enfants poussant des cerceaux circulent et choisissent l'oie ou la dinde qu'elles feront servir le soir de Noël. Un journaliste français de passage note que « le Londres de Noël ne ressemble en rien au Londres des cinquante-quatre autres semaines de l'année ». Il change d'aspect dès le milieu du mois de décembre. Quand approche le 20, on ne le reconnaît plus, il devient aussi gai qu'il est triste d'habitude... Les boutiques rivalisent de coquetterie pour attirer les chalands... celles où se débitent comestibles ou boissons se parent de leurs marchandises les plus attrayantes ou d'ornements étrangers. Dickens a livré une description aussi vivante que précise de l'ambiance qui régnait à Londres en cette veille :

> Le rayonnement des magasins où les baies et les feuilles de houx craquaient à la chaleur des lampes des devantures mettait un reflet rouge sur les figures pâles des passants. Les boutiques des rôtisseurs et des épiciers offraient aux yeux un décor splendide, un spectacle de rêve avec lequel il semblait impossible que les principes vulgaires de la vente et de l'achat pussent avoir la moindre relation[3].

Cette dernière remarque fut prémonitoire, car Noël, nous le verrons, sera dès 1820, à New York, utilisé par la publicité comme un argument permettant de sublimer et de moraliser la relation marchande.

Mais la véritable innovation est celle de l'achat des cadeaux qui va prendre la forme d'un véritable rituel : celui de la visite aux grands magasins. Mark Connelly n'hésite pas à parler d'une « culture des grands magasins qui se développe vraiment en Angleterre vers 1870[4] ».

Si l'achat de cadeaux n'était pas jusqu'à cette époque une pratique courante, il va « devenir la partie la plus visible et la plus significative du Noël anglais à la fin du XIXe siècle », poursuit Mark Connelly[5]. Mais il n'intéresse encore que les plus aisés[6]. Une gravure d'*Illustrated London News* du 24 décembre 1853 confirme l'origine bourgeoise de ces premiers consommateurs[7]. Dans une calèche, le père, portant haut-de-forme et redingote, lit son journal. Bien qu'elles soient toutes profondément endormies, épuisées sans nul doute par les courses faites dans les magasins de Londres, la mère et les trois fillettes emmitouflées dans des manteaux doublés d'hermine et coiffées d'élégants chapeaux à plumes serrent encore leur manchon contre elles. La mère tient d'une main molle un tambour et un cheval de bois, tandis qu'à ses pieds on devine un cerceau et quelques paquets enrubannés. Le titre est évocateur et ironique : « Le prix de Noël ».

Mais alors que l'« esprit de Noël » victorien contient encore une critique implicite du matérialisme dans lequel sombre la fête, à la même période aux Etats-Unis, Santa Claus endosse sans complexes, et en dépit de quelques vitupérations puritaines, le rôle du dieu débonnaire et hédoniste de la société de consommation naissante.

Noël, un nouvel enjeu commercial

S'il existe un leitmotiv, un cliché « global » à propos de Noël, c'est qu'il a « vendu son âme au commerce ». Au siècle dernier, les puritains américains n'avaient pas hésité à évoquer à son propos des « bacchanales éhontées[8] », et encore récemment certains observateurs le comparaient à de « nouvelles Saturnales ». Les Américains qualifient encore ce moment de *big swap*, c'est-à-dire de « grand troc ».

Que l'exploitation commerciale de Noël se soit produite au moment même où la fête devient celle de la famille réunie semble contredire le sens de la célébration[9]. La dépense est en effet signe d'affection mais comportement contraire à la morale chrétienne comme à celle du foyer, traditionnellement lieu d'épargne et d'économie.

Un premier signe de cette ambivalence se révèle dans les budgets des ménages qui, très tôt, reflètent une volonté délibérée de constituer un pécule spécifique pour les cadeaux, à côté du budget consacré à la nourriture et aux vêtements. Les experts en économie domestique encouragèrent du reste cette coutume dans laquelle ils voyaient non seulement « un des charmes de la vie », mais aussi une pratique réellement éducative. Les mères de famille furent ainsi invitées à apprendre à leurs enfants « l'art du cadeau, considéré comme une expression d'amour filial et d'amitié[10] ».

La publicité s'empara à son tour de ce qui allait se révéler très rapidement un marché inespéré, son rôle fut des plus déterminants. Elle fit une première apparition dans la presse à New York en 1820, préfigurant l'engouement futur des Américains. Le commerce et les groupes financiers qui la soutenaient impliquèrent aussi, très tôt, les banques. Dès le début du XXe siècle, celles-ci créèrent les fameux *Christmas Clubs*[11], organismes d'épargne s'inspirant des *Penny Provident Banks* instituées par les sociétés de charité britanniques pour que les plus pauvres puissent économiser en perspective de ces achats particuliers. Ce sont les femmes des classes populaires qui furent les principales épargnantes. Ces clubs connurent un grand succès et comptèrent près de dix millions de membres [12]. Dans certaines entreprises, l'épargne était directement prélevée par le trésorier sur le salaire des employés. Faire des cadeaux de Noël à partir de cette époque mobilise donc une certaine énergie et donne lieu à de véritables stratégies économiques.

Après 1880, deux autres facteurs vont influencer le développement commercial de la fête : le volume et la variété des cadeaux, qui vont croître de façon exponentielle, aux Etats-Unis surtout, où l'on pense non seulement aux parents proches mais aussi aux amis et aux collègues. Néanmoins cette explosion, due en partie à l'industrialisation de la fabrication, entraîne aussitôt une certaine réprobation morale, sinon un désaveu sentimental. Dans l'Angleterre victorienne, les cadeaux « faits maison », parce qu'ils demandent en général beaucoup de soin et de temps, sont en effet particulièrement valorisés, tout comme les produits de l'artisanat. Les objets fabriqués en série paraissent encore trop anonymes et contredisent le désir de personnaliser ce que l'on offre à ceux qu'on aime.

Cette attitude va pourtant sensiblement changer d'abord aux Etats-Unis où, dès 1874, de grands magasins tel le célèbre Macy's à New York vont investir dans l'article manufacturé. Juste après la guerre civile, ce que l'historien Leigh Schmidt appelle les « nouvelles cathédrales de la culture commerciale [13] » vont de cette façon promouvoir toute une série d'objets, vantés par les annonces publicitaires qui paraissent dans les magazines, de novembre à décembre. Progressivement, ces mêmes magasins vont aussi distinguer dans leur stock celui désormais spécifique des articles de Noël. Avec l'arrivée du papier d'emballage historié, également introduit à la fin du XIXe siècle [14], ils contribueront à construire une nouvelle catégorie de marchandises, celle des cadeaux de Noël, dont la puissance évocatrice et affective ne va cesser de s'amplifier.

Santa Claus, dieu de la consommation

Santa Claus joua alors un rôle majeur dans la commercialisation de la fête. Très tôt sa présence dans les magasins le fit apparaître comme un « dieu de la marchandise [15] », à laquelle il donnait une sorte de caution « divine », neutralisant comme « par miracle » l'hiatus trop évident entre commerce et religion [16]. La publicité le sollicite souvent avec le slogan : « Cette année, Santa Claus fait son shopping chez Macy's », tandis qu'un autre grand magasin rival se vante lui d'avoir « le vrai, l'unique Santa » dans ses murs. D'autres instances s'en mêlèrent ; ainsi, dans les années 1950, la Western Union Telegraph Company n'hésite pas à le coiffer d'un casque de téléphoniste. Beaucoup de grands magasins avaient d'ailleurs installé des lignes réservées aux enfants pour qu'ils puissent l'appeler directement et passer commande. Les chambres de commerce, les banques, les agences commerciales l'utilisèrent aussi pour promouvoir leurs produits [17]. J'ai déjà mentionné qu'il avait en 1930, puis en 1950, servi de support publicitaire à la firme Coca-Cola, qui voulait ouvrir son marché aux enfants. D'innombrables affiches le campèrent alors, posté près d'un réfrigérateur, en train de déguster le célèbre breuvage : « Avec tant de cheminées à descendre, le vieux Santa a des hauts et des bas, commentait une de ces réclames, Coca-Cola rend son travail plus facile [18]. »

En 1939, Craven y recourait à son tour ; sous le regard entendu et compréhensif du Père Noël, on pouvait lire : « Vous pouvez être assuré de choisir un cadeau toujours apprécié si vous envoyez à tous vos amis les Craven A, pour Noël [19]. »

Les temps ont changé en ce qui concerne le tabac que nul aujourd'hui ne songerait à mettre entre les mains du Père Noël ; en revanche, ils semblent arrêtés pour Coca-Cola, qui récidive en cette fin de siècle en reproduisant sur des millions de canettes et bouteilles les célèbres dessins hyperréalistes réalisés dans les années 1950 [20].

L'usage publicitaire du Père Noël est devenu un passage obligé au moment des fêtes, sorte d'hommage contemporain au dieu tutélaire de nos modernes échoppes, aux auvents desquels son mannequin s'accroche parfois. Pour citer quelques exemples récents, il servit en 1998 sous l'identité « du vieux barbu » à vendre des téléphones portables et devint l'« agitateur » de la Fnac en décembre 1999.

Dans les années 1920, aux Etats-Unis, sa présence dans les grands magasins donna lieu à un travail saisonnier, apprécié par toute une catégorie de chômeurs, voire de marginaux, dont la tenue laissait parfois à désirer, si bien que la « profession », fit l'objet d'une formation préalable[21] et s'organisa en syndicat. Plusieurs « écoles de Pères Noël » furent ainsi créées.

L'une d'elles, fondée par un certain W. Howard of Albion à New York, proposait un programme assez élaboré. Y figuraient en effet l'enseignement de l'histoire et de la légende du Père Noël, des conseils d'habillement et la meilleure façon de porter la fameuse barbe. Enfin, la psychologie n'était pas oubliée car on apprenait aux futurs Pères Noël l'art de dialoguer avec les enfants. J.-L. Hue rapporte que Jim Yellig, un ancien officier de l'US Navy, fit de son côté part de l'expérience qu'il avait acquise en 1914 en jouant les Santa Claus pour les enfants pauvres de Brooklyn, puis partout en Amérique. Il consigna quelques recommandations dans un opuscule publié en 1956, qui sert encore aujourd'hui dans les écoles britanniques et nord-américaines[22].

Dès lors s'enclencha une série d'initiatives. En 1943, par exemple, le Santa's Helpers' se spécialisait dans la visite à domicile ou dans des institutions comme les hôpitaux. En 1947, une fabrique de jouets s'ouvrait à Upper Jay, dans l'Etat de New York, qui fut baptisée pour la circonstance « Pôle Nord, Atelier du Père Noël ». Peu après, cet établissement fut agrandi afin d'y inclure un parc à attractions et un Père Noël professionnel. Ce lieu fut, d'après James Barnett, l'un des exemples les plus élaborés de l'exploitation commerciale du personnage, ancêtre de ce que Rovaniemi en Laponie propose aujourd'hui.

Mais l'utilisation marchande de Santa Claus fut à ce point sans vergogne que beaucoup s'en émurent et légiférèrent sur cette question afin de protéger la

« croyance » enfantine. Ce souci n'était pas nouveau. Dès la fin du XIXe siècle, il fut en effet celui de toute l'Amérique. L'une de ses manifestations les plus connues est sans doute la publication en 1897 par le *New York Sun* de la réponse que l'éditorialiste Francis Church avait faite à une petite fille nommée Virginie, laquelle avait écrit au journal pour demander si Santa Claus existait réellement. La réponse de Church devint si célèbre, qu'elle donna lieu à une sorte de « marronnier » qui chaque année rassurait les enfants sceptiques, et cela durant les cinquante années qui suivirent[23].

> Ne pas croire en Santa Claus, écrivait Church, autant ne pas croire aux fées (...) personne ne voit Santa Claus, aucun signe, aucune preuve, qu'il n'existe pas. Les choses les plus réelles dans ce monde sont celles que les enfants ne voient pas (...) Pas de Santa Claus ! Grâce à Dieu, il vit, et pour toujours. Dans mille ans, Virginie, et à dire vrai, dans dix fois mille ans, il continuera à rendre heureux le cœur des enfants.

En 1927, c'est le juge H. Hatcher de la Cour suprême de Virginie-Occidentale qui prit à son tour la défense de Santa Claus dont le prestige croissant inquiétait les catholiques. A la fin d'un *ex parte* Santa Claus, il enjoignit à la Cour de « ne pas dépouiller l'enfance de son plus intrigant mystère. Que celui-ci reste pour les générations futures une joyeuse croyance pour les enfants, un acte de générosité et d'indulgence des parents et un beau souvenir pour les anciens ».

Toujours pour préserver la foi des enfants, une association fut créée en 1914 à New York, la Santa Claus Association, qui dépouillait des lettres et se chargeait d'offrir des cadeaux aux plus défavorisés[24]. Quelques années plus tard, en 1939, un sénateur de Californie attaquait les publicitaires sous forme d'une déclaration faite au Sénat, pour les mêmes raisons. Les exemples de cette préoccupation désormais nationale abondent ; la croyance au Père Noël était devenue un véritable droit de l'enfant, une revendication légitime et une mesure de protection[25].

La spécificité américaine est ici tout à fait remarquable. En France, on se souvient que, si le clergé de Dijon voulut brûler le Père Noël en 1951 et bien que l'événement fût rapporté par la presse, ni la justice ni d'autres institutions officielles ne se sentirent tenues de légiférer officiellement sur cette question. Pour le clergé français la croyance à sauvegarder était celle que les enfants chrétiens devaient avoir en Dieu, alors qu'outre-Atlantique il s'agissait de protéger celle des petits Américains en Santa Claus !

Néanmoins, il faut noter qu'en 1962 les PTT, à l'instar de la Santa Claus Association new-yorkaise, mais un demi-siècle plus tard, inaugurèrent à leur tour le fameux courrier du Père Noël, et un personnel important du centre de tri de Libourne continue au moment de Noël de dépouiller des milliers de lettres adressées au Père Noël par les enfants[26]. Il faut savoir, pour l'anecdote, que cette initiative revient à une psychanalyste célèbre spécialiste de l'enfance, Françoise Dolto, qui, détail décisif, était aussi la sœur du ministre des PTT de l'époque ! C'est elle, dit-on, qui rédigea le premier modèle de réponse.

«Miracle sur la 34e Rue[27]»

Ce film réalisé en 1947 illustre de façon exemplaire la nature du paradoxe de cette «consommation sentimentale». Il commence au moment de la parade de Thanksgiving, qui a lieu le quatrième jeudi de novembre et ouvre aux Etats-Unis la saison des achats de Noël *(Christmas high shopping season)*. Le Santa Claus employé pour cette occasion est complètement ivre et doit être remplacé au pied levé. C'est un vieil homme à vraie barbe blanche nommé Kris Kringle qui lui succède. Il n'y a pas de hasard, car Kris Kringle est l'appellation déformée de *Cristkindl* (l'Enfant Jésus) introduit aux Etats-Unis par les émigrants protestants du nord de l'Europe. L'intrigue se noue lorsqu'on apprend que le vieillard sympathique se prend pour Santa Claus lui-même. Personne ne s'en émeut, il lui sera même demandé en vertu de son excellente prestation durant la parade d'assurer la saison de Noël chez Macy's, ce luxueux magasin new-yorkais situé sur la 34e rue. Mais Kris Kringle a tendance à envoyer ses jeunes acheteurs et surtout leurs parents chez Gimbel's, le principal concurrent, lorsque ceux-ci ne trouvent pas ce qu'ils cherchent ou que le prix est plus élevé. On se doute que l'argument ne plut pas immédiatement à la direction de Macy's, mais assez rapidement elle tourna à son profit les erreurs de Kris Kringle en présentant son magasin comme «celui du cœur», dont la seule motivation était d'aimer ses clients au point de les envoyer chez son rival. Tour de force du marketing : l'incompatibilité entre profit et sentiment était résolue et, de ce fait même, transcendée.

Mais le film ne s'achève pas là. A la suite d'une série de traquenards que Gimbel's va tendre à Kris Kingle, celui-ci sera finalement accusé d'avoir voulu éliminer un Père Noël concurrent et conduit devant le tribunal où il devra faire la preuve de son identité réelle. La plaidoirie de l'avocat reste un morceau de bravoure car c'est à l'aide d'un dollar que l'avocat fournira la preuve de la réalité de Santa Claus. Le message ne pouvait être plus direct et limpide.

Ainsi Santa Claus, cette figure « papiste », condamné et exclu en cela par la Réforme, mais réhabilité par l'élite à laquelle appartiennent Cl. Moore ou W. Irving, apparaît-il comme un ultime et très inattendu avatar de « l'esprit du capitalisme » dont Max Weber a si admirablement révélé les liens avec l'éthique protestante. Ces émigrés protestants, hollandais, allemands, anglais l'ont ainsi transformé en quelques siècles en un symbole de générosité et de dépense inconditionnelle, vouant à sa perte, dès les années trente mais surtout dans les années cinquante, notre vieux Bonhomme Noël, à l'allure de pauvre hère et de colporteur économe, ou, dans certaines régions, l'imposant aux côtés de son ancêtre direct, saint Nicolas qui récompense d'une main pour mieux punir de l'autre. Des puritains de la Nouvelle-Angleterre aux épiscopaliens distingués de New York, la fête a franchi l'interdit religieux, canalisé les débordements urbains, moralisé la célébration laïque en la familialisant. Cependant, Santa Claus a réussi un autre tour de force, puisqu'il sut faire accepter aux bourgeoisies allemande et anglo-saxonne, dont il est la création, les principes d'une « économie morale [28] », c'est-à-dire, comme l'écrit Helmut Berking qui partage cette interprétation, « une économie où le luxe, l'opulence et la gratuité de la dépense sont conviés le temps de la fête sans trop de mauvaise conscience [29] ».

Version française

En France, l'utilisation marchande de Noël sera plus tardive. Néanmoins, dès le milieu du XIXe siècle, certains journaux « bourgeois » avaient ouvert une rubrique « étrennes » pour donner aux lecteurs des « idées de cadeaux » [30]. A cette époque ils sont en majorité destinés aux femmes et surtout aux mères de famille comme « la causeuse ou l'ouvragère ». « Si les présents spécifiquement masculins semblent absents cela ne signifie pas, commente Anne Martin-Fugier, qu'ils n'existent pas [31]. » Aux enfants, en revanche, il est de façon assez directive conseillé d'offrir « des livres et des Contes de Noël, ceux-là mêmes qui vont à la fin du XIXe siècle influencer la mode de ce qui sera offert [32] ». Marie-France Noël rappelle à juste titre que celle-ci sera d'abord lancée dans les familles bourgeoises et aristocrates. On offre alors des poupées à tête de porcelaine et des théâtres de marionnettes, « le plus raffiné » des présents, mais encore « des oiseaux qui chantent », et surtout des livres dont le Larousse du XIXe siècle qui tend à remplacer « les coûteuses inutilités », déjà !

Il faut savoir qu'à cette époque les étrennes désignent encore, indifféremment, les cadeaux de Noël ou ceux du Jour de l'An. On peut cependant considérer qu'à la fin du XIXe siècle la coutume de les offrir à Noël s'affirme et se généralise en France, c'est-à-dire un demi-siècle environ après l'Angleterre et les Etats-Unis, mais là aussi — détail important — sous la pression des grands magasins, qui anticipent la fête dès le début décembre. A la fin du XIXe siècle et au tout début du XXe siècle, on assiste à une surenchère d'initiatives de la part des grands magasins pour attirer les familles en créant un univers de luxe et de féerie, flattant l'imaginaire des enfants et la générosité des parents.

En 1878, le Magasin du Louvre annonce ainsi une « exposition spéciale des jouets et objets pour les *étrennes* pour le 9 décembre », dans une nouvelle galerie au premier étage, d'une longueur de 200 mètres, ce qui a nécessité de disposer de trente nouveaux salons, rues de Rivoli, Marengo et Saint-Honoré. Un entrefilet précise encore qu'un catalogue illustré de jouets et articles est « à la disposition de toutes les Dames qui en feront la demande ». En 1900, ce même magasin inaugure l'arbre de Noël « le plus grand de tout Paris ». En 1909, c'est le Bon Marché qui présente les premières vitrines animées, qui avaient alors pour thème la récente découverte du pôle Nord par Robert Peary [33].

Les magazines et journaux accompagnent dès lors cette nouvelle mise en scène urbaine de la fête. *Le*

Figaro illustré de décembre 1899 présente une étrange et inattendue « Mère Noël », ôtant de son frais minois le masque d'un vieillard, symbole de fin d'année et, en l'occurrence, de l'achèvement du XIXe siècle aussi. On a vu que *L'Illustration* avait inauguré le XXe siècle avec un numéro « spécial Noël ».

En ce début de siècle vont également s'instituer les « Noëls à l'Elysée ». Mme Loubet, l'épouse du président, « avait remis le 25 décembre 1900, sept mille francs à des veuves dans le besoin, chargées de famille ». Elle avait réuni tous les enfants du personnel de la présidence, « qui reçurent des cadeaux plus utiles, nous dit-on, que l'an passé, tel la boîte de compas et des livres remplaçant avantageusement le cheval de bois ».

A l'instar des Etats-Unis et de l'Angleterre, la France du début du siècle donne peu à peu la priorité à Noël sur le Nouvel An et est prise à son tour par le rituel des « courses » dans les grands magasins.

Il ne faut cependant pas oublier que, depuis longtemps déjà, la fin de l'année voyait fleurir sur les grands boulevards de la capitale, mais aussi dans les rues de certains villages, ces petites baraques en plein vent que Jean Valjean, qui venait de rencontrer Cosette à la fontaine de Montfermeil, confondit avec celles d'une foire[34]. En 1900, ces mêmes « bimbeloteries » furent réservées aux ouvriers, selon une circulaire préfectorale, qui les « autorisait à y vendre des objets issus de leur propre travail ». Un journaliste de *L'Evénement* du 26 décembre 1920 décrit le contenu de ces cavernes d'Ali Baba miniatures telles qu'on pouvait en voir en se promenant de la Bastille à la Madeleine :

> Les enseignes sont ronflantes et affirment presque toutes une idée de royauté. Roi du cirage, Roi des jouets mécaniques trônent en plein air (...) Lapin sauteur, ours qui joue des cymbales, la cuisine de Madelon et les modernes poupées au crâne chauve, au ventre piriforme et aux yeux exagérément ronds (...) Boules puantes, poudre à éternuer (...) On contente bébé, on se soumet à tous ses caprices car Noël est avant tout la fête des petits, la fête de leurs illusions et de leurs premiers rêves (...) Les regards émerveillés des gosses embrassent avec frénésie les vitrines illuminées (...)

Le réveillon lui-même prend de l'ampleur, tout au moins en ville, et les journaux rapportent les « bâfreries des Français ». Ainsi :

> A Paris le prix des restaurants est multiplié par cinq ou six (...) les théâtres sont « bondés » comme les églises de la Madeleine ou Saint-Sulpice (...) Beaucoup de monde aux abords, l'animation n'a cessé d'être des plus vivantes jusqu'à une heure avancée de la nuit (...) De nombreux Parisiens vont au restaurant d'où ils ne « rendront leurs serviettes » qu'à 5 ou 6 heures au matin[35].

D'autres, signale-t-on, « restent chez eux, fidèles au *Home* ». On notera au passage la récente référence au monde anglo-saxon avec la notion de *home*, terme alors à la mode auquel le journaliste ne résiste pas, pas plus que cet autre ne résistera à détailler les savoureux et surprenants ingrédients du *pudding* pour la ménagère parisienne.

Très rapidement, la fête semble subir ce que certains observateurs jugent être une « dérive », et le journaliste d'ironiser : « Dans la nuit du 24 au 25, on est gai sur commande et les gens qui ont fêté la naissance du Christ sont gens de beaucoup de "foie" car ils en ont mangé tant qu'ils ont pu »... ou de juger sévèrement : « La douce fête s'est transformée en apothéose de la mangeaille (...) Il est presque logique de frapper ces joies grossières d'une taxe spéciale »[36].

Mais, pour que Noël devienne en France le symbole de la consommation triomphante et que le Père Noël soit utilisé comme argument publicitaire, il faut attendre les lendemains de la Libération. Celle-ci marque la découverte du style de vie américain et les articles se multiplient dans la presse quotidienne comme dans la presse féminine.

Sous le titre prometteur « Noël se vend à crédit », le magazine *Carrefour* du 19 décembre 1951 évoque, de son côté, cette « obsession » américaine de Noël créée par le commerce : « Noël vous attend, disent les pancartes. Etes-vous prêts pour Noël ? Chaque minute vous rapproche de Noël. Etes-vous bien sûrs que demain il ne sera pas trop tard pour acheter le cadeau dont elle rêve ? » On rappelle encore que l'Américain dépense en moyenne en un seul mois deux fois plus qu'à n'importe quelle autre époque, sans que son salaire ait augmenté. Sont alors décrits les fameux Christmas Clubs qui font l'objet d'un guichet spécial dans les banques et qui permettent d'économiser toute l'année pour acheter à Noël.

Le 22 décembre 1951, un journaliste du *Parisien libéré* constatant que plusieurs sapins se dressent maintenant sur des places parisiennes esquisse aussitôt la comparaison :

> Aux Etats-Unis, ce sont des avenues de plusieurs kilomètres de long qui sont bordées de sapins étincelants. Il n'est pas rare de voir s'élever des arbres de Noël dont la hauteur a atteint celle d'une maison de cinq étages ! New York devient une véritable forêt de sapins (des baumiers du Canada expédiés par wagons entiers) (...) à la fin de la fête, ceux-ci sont brûlés au coin des rues.

Les Français apprennent aussi que la Western Union peut envoyer des télégrammes de Noël chantés :

> C'est une sorte de réveil téléphonique en musique qu'on peut envoyer à n'importe quelle heure de la journée. Mrs. Brown, par exemple, se prépare pour son *Christmas dinner* qui commence le jour de Noël à 14 h 30. A 14 heures, le téléphone sonne, elle décroche et elle entend : « De la part de Mr. Smith, écoutez ce chant. » Et un grand ténor, à l'autre bout du fil, lui chante sa mélodie favorite [37].

Ils s'étonneront enfin en découvrant qu'en Amérique toujours, le Père Noël peut être « livré à domicile » sur un simple coup de téléphone [38].

Si Noël est un révélateur puissant de la fascination que l'Amérique exerce sur la France de l'époque, il est aussi celui de la dépense nouvelle permise aussi par l'entrée dans les Trente Glorieuses. Sensibles sans doute à cette évolution irréversible, certains insistent pour rappeler l'« attachement national aux cadeaux utiles », comme un dernier sursaut, une ultime rationalisation devant l'énorme déferlante qui arrive sur la vieille Europe :

Depuis quelques années, on a remarqué, en France, une tendance à offrir des cadeaux utiles. En Amérique, au contraire, une machine à laver, un Frigidaire ou même une machine à écrire seraient mal accueillis. Ils sont considérés comme des accessoires des travaux de chaque jour et pour rien au monde on ne voudrait les faire figurer dans la féerie de Noël. Un cadeau doit apporter un peu de luxe, de superflu[39].

Qu'on ne s'y trompe pas, les cadeaux ont toujours été d'une certaine façon utiles comme en ont témoigné, à la fin du XIXe siècle, « la causeuse et l'ouvragère » ou les livres à offrir aux enfants cités plus haut.

Phénomène innovant en France, les journaux vont alors commencer à publier systématiquement des pages « idées de cadeaux » comme *Le Parisien libéré* de ce 10 décembre 1953 qui titre pour la rime, « Cadeaux choisis, cadeaux de prix ».

Le « *rush* de la clientèle » partant à « l'assaut » des grands magasins devient un objet de curiosité et de reportage journalistique : « énorme affluence dans les grands magasins et dans les gares », titrent les quotidiens, car les Parisiens partent aussi de plus en plus aux sports d'hiver. Une véritable « fièvre » s'empare de la capitale à l'approche de Noël :

Une armée de dindes a envahi les Halles. Les confiseurs offrent aux passants le spectacle des vitrines plus séduisantes les unes que les autres. Les retardataires se procurent le traditionnel sapin qui émerveillera les petits. Dans les magasins, c'est la cohue. Dehors, la circulation est intense et les piétons déambulent, chargés de paquets... Noël est là, qui, en dépit des vicissitudes, sera joyeusement fêté [40].

« Voir » Noël...

C'est également dans ces années cinquante que Jacques Doisneau et Willy Ronis, parmi les plus connus, photographient les enfants ébahis devant les vitrines des grands magasins. Le « regard émerveillé » devient non seulement un nouveau sujet des photographes de l'enfance et de la ville, mais aussi un cliché littéraire. L'enfant n'est plus seulement observé et raconté lors de la découverte de ses cadeaux au pied du sapin ou devant la cheminée, c'est l'émerveillement « toujours renouvelé » de ces regards qui est saisi. C'est cette découverte étonnée des trésors à travers la transparence solide de la vitrine qui restitue maintenant de façon privilégiée l'ambiance du Noël urbain.

Toute une épopée commerciale commence alors, reflet de l'optimisme de la relève et de ses espoirs. Des familles entières vont « voir Noël », écrit Daniel Picouly. Les grands magasins et leurs vitrines embuées sont désormais une sortie familiale obligée, une tendre épreuve pour les parents, une récompense pour leurs enfants :

On est allé voir Noël jeudi dernier avec la m'am et tonton Florent. « Aller voir Noël », ça veut dire aller à Paris dans les grands magasins regarder les jouets. On attend toute la journée (...) Si vous continuez à vous exciter comme aux puces, on n'ira pas (...) Tonton mélange les expressions, mais on y va (...) On s'habille en dimanche, on prend le bus et le métro avec notre carte de famille nombreuse à 120 % de réduction. Quatorze stations (...) Vous comptez bien les enfants, Hôtel de Ville ! les filles ont crié les premières. Il fait nuit dehors (...) Quatorze stations (...) Des lumières plus hautes que les maisons ! On voit que ce n'est pas eux qui paient l'électricité. Il y a une odeur de sapin, de marrons en cornet et de pommes d'amour[41]...

Aujourd'hui, on va toujours « voir Noël ». Certains soirs de la fin décembre à Paris, les rues de Rivoli longeant la Samaritaine, celle de Sèvres, pour le Bon Marché, Lafayette pour le Printemps et les Galeries Lafayette sont aussi encombrées qu'une veille de week-end. Les automobiles, qui roulent avec la lenteur nécessaire à la contemplation enfantine des vitrines, sont immatriculées en banlieue et en province. De magasin en magasin le spectacle varie car chacun joue une carte bien spécifique. Pour prendre deux exemples :

A la Samaritaine, c'est Disney qui impose les personnages du dessin animé annuel, qui sort à cette période, le Roi Lion, Hercule ou Quasimodo remplacent ainsi avantageusement l'automate du Père Noël. Pour les concepteurs contemporains, il faut que la vitrine devienne un jour, « un beau souvenir d'enfance ». Au Bon Marché, la tendance rive gauche plus « intellectuelle » et plus bourgeoise, sans doute, se fait sur le thème des « traditions » nordiques et de la féerie. Fables et contes de fées fournissent alors les motifs des vitrines [42].

Les journaux continuent de leur côté à publier leurs « pages idées », avec de plus en plus de sophistications. J'ai évoqué au début de ce chapitre l'emploi récent de l'orange remise à l'honneur et enrubannée par la Fnac, qui propose dans la même logique un « concentré de cadeaux » à ses adhérents en 1998 et en 1999, met de gros souliers non plus au pied mais dans le sapin. Dans ce dernier exemple le contenant est devenu le contenu. En décembre 1999, les cadeaux pouvaient aussi être « empoisonnés » sur la couverture de *Libération* qui n'hésitait pas à utiliser *Alice au pays des merveilles* au milieu de fleurs et de papillons géants pour les présenter. Mais le scintillement, la féerie, le plaisir d'offrir et surtout l'idée d'un choix et d'une variété de cadeaux infinie fournissent toujours le fonds de commerce des publicitaires.

« Mille idées de cadeaux pour Noël », titre le guide du *Figaro* de novembre 1997. Pour les magazines de vie pratique, c'est l'idée de faire de Noël « un bonheur partagé » en confectionnant soi-même le décor et les cadeaux qui domine. « Plus de 110 idées à faire ensemble en s'amusant », propose ainsi *Marie-Claire*. *Modes et Travaux* met l'accent plus directement sur le budget : « Offrir cent cadeaux à moins de 500 F » est un pari tenu par la rédaction en décembre 1998. On nous présente aussi parfois la « hotte de la rédaction » ou le « Noël des journalistes » chez *Marie-Claire*. Pour

Avantages, Noël est « féerique » mais on n'oublie pas que « les menus de réveillons chics peuvent être à petits prix » (décembre 1998). *Prima* rassure les mères de famille en mal d'idées : « Nos trouvailles pour leur faire plaisir sans se tromper. » Enfin *Marie-France* de décembre 1998 joue les comptables : « Noël, 17 idées brillantes pour la déco, 200 cadeaux pour trouver le bon. »

Dans cet inventaire ce ne sont pas comme chez Prévert les « ratons laveurs » qui se répètent mais, on l'aura constaté, les chiffres et les nombres : ceux des prix, ceux des cadeaux que le magazine doit promouvoir et ceux des idées qu'ils nous donnent selon l'inspiration de leurs rédacteurs et les produits qu'ils sont chargés de faire vendre. On notera, pour s'amuser, que *Le Figaro magazine* présentait en 1998 dix fois plus d'« idées cadeaux » que *Marie-Claire* n'en proposait à réaliser. Et que dire des sites internet de vente ? si ce n'est qu'ils étendent le choix au monde entier, donnant un demi-siècle après une certaine réalité à la chanson de Tino Rossi.

Chapitre V

LE PRIX DES LIENS ET LE COÛT DE L'INTIMITÉ

> On mêle les âmes dans les choses, on mêle les choses dans les âmes. On mêle les vies et voilà comment les personnes et les choses mêlées sortent chacune de la sphère et se mêlent ; ce qui est précisément le contrat et l'échange.
>
> MARCEL MAUSS[1].

> L'intimité n'est exprimée qu'à une condition pour une chose, c'est qu'elle soit le contraire d'une chose ; une consumation et un sacrifice.
>
> GEORGES BATAILLE[2].

> A la période des fêtes, on observe bien plus crûment que d'habitude les avantages et les inconvénients d'avoir des obligations et des liens sociaux. Les pauvres et les éclopés des rapports sociaux détestent cette période et la fuient.
>
> JACQUES GODBOUT[3].

Si l'histoire sociale a mis en évidence que la coutume d'offrir et d'échanger des cadeaux à Noël était devenue, à la moitié du XIXe siècle, essentiellement familiale, nous venons de voir qu'elle prenait une ampleur considérable au lendemain de la Seconde Guerre mondiale. Or non seulement cette coutume ne s'est pas tarie de nos jours, mais elle n'a fait que s'amplifier du point de vue du volume des objets échangés. L'argument ordinaire consistant à lier l'augmentation de la dépense à celle de l'offre tourne assez vite court. Indubitable du point de vue de la variété et de la qualité des objets échangés, il ne dit rien sur la dimension symbolique et sociale qu'il faut mettre en lumière. Néanmoins sa mention est nécessaire. Son importance est telle en effet qu'elle attire autant qu'elle attise chaque année davantage le commentaire journalistique, friand de chiffres : « En France aujourd'hui, environ quatre-vingt-dix milliards de francs "changent de mains lors de ce grand rituel" et les Français sont "les champions d'Europe" en offrant huit cadeaux en moyenne alors que les Britanniques en offrent sept et les Allemands cinq [4]. »

En ce qui concerne le secteur du jouet, il réalise à lui seul, en décembre 1996, les deux tiers de son chiffre d'affaires annuel, soit près de 16 milliards de francs. Le marché des décorations de Noël, quant à lui, génère un chiffre d'affaires d'environ 1 milliard de francs [5].

Pour saisir la réelle ampleur des sommes mises en jeu, la comparaison peut être éclairante, bien que toujours arbitraire. Néanmoins, pourquoi ne pas mentionner que le premier chiffre cité correspond à ce que l'ensemble des ménages français dépensent en matière de santé (91 milliards en 1992[6]), rivalise avec celui destiné aux activités récréatives et culturelles (102,2 milliards en 1992) et est trois fois supérieur à celui consenti à l'éducation des enfants (31,2 milliards en 1992)[7] !

Le grand « potlatch » de la société contemporaine

Lorsqu'en 1967 Lévi-Strauss publie *Les Structures élémentaires de la parenté*, il consacre un chapitre au principe de réciprocité où il fait référence à la dépense des fêtes de fin d'année pour la comparer à « un gigantesque *potlatch* », auquel « pendant un mois chaque année, toutes les classes sociales s'appliquent avec une sorte d'ardeur sacrée (...) impliquant des millions d'individus, et au terme duquel bien des budgets familiaux se trouvent confrontés à de durables déséquilibres[8] » ; et j'ajouterai : surtout parmi les plus modestes d'entre eux qui proportionnellement fournissent le plus gros effort, la dépense moyenne représentant 2,5 %[9] du revenu annuel moyen, 2 % chez les cadres et 3 % chez les ouvriers et employés[10].

On sait que le *potlatch* dont Marcel Mauss a fait la pièce maîtresse de son célèbre *Essai sur le don*[11] est cette forme d'échange très particulière où dominent rivalité et antagonisme, attestée dans les tribus du nord-ouest de l'Amérique du Nord, mais également en Mélanésie et en Papouasie. Provenant du mot chinook qui signifie « se nourrir ou consommer », cette prestation « essentiellement usuraire et somptuaire » a été analysée par Mauss comme « un phénomène social total », c'est-à-dire doué d'une signification à la fois sociale et religieuse, magique et économique, utilitaire et sentimentale, juridique et morale. L'échange et la circulation des objets qu'il implique, à travers trois obligations, « donner, recevoir, rendre », se fondent sur un principe de réciprocité, qui est au cœur de la reproduction de ces sociétés, « l'essence même du social », dira Lévi-Strauss.

Marcel Mauss a attiré l'attention sur « la forme essentiellement usuraire et somptuaire de ces prestations ». Au cours de ces potlatchs, le nombre ou la valeur des objets peuvent être considérables. Des dizaines de milliers de couvertures sont ainsi remises en nature chez les Indiens de la région de Vancouver et de l'Alaska. Ces échanges, dont parfois aucun partenaire ne retire un bénéfice matériel véritable (à certains moments les cadeaux échangés sont de même nature), révèlent, dit Mauss, « une rivalité exaspérée », une lutte entre « nobles », dont profite ultérieurement tout le clan, pour assurer entre eux une hiérarchie.

Mais le don n'est pas la seule forme du potlatch ; on défie aussi l'adversaire en détruisant des richesses. Ce phénomène se retrouve dans un nombre assez considérable de tribus, comme celles du Nord-Ouest américain et de Mélanésie, et d'autres « à émulation plus modérée où les contractants rivalisent de cadeaux » : ainsi, ajoute Mauss, « nous rivalisons nous-mêmes dans nos étrennes, nos festins, nos noces, dans nos simples invitations, et nous nous sentons encore obligés à nous *revanchieren*, comme disent les Allemands [12] ».

Retenons au passage la mention des étrennes qui entraînent elles aussi, dans le jeu de la réciprocité, une certaine « émulation », sinon une vraie rivalité. Lévi-Strauss reprendra cette comparaison en évoquant des « fêtes et des cérémonies (qui) règlent le retour périodique et le style traditionnel de vastes opérations d'échanges ». C'est dans cette perspective que sera évoqué Noël et, particulièrement lorsqu'il est célébré dans « la société nord-américaine, qui semble souvent, nous dit-il, chercher à réintégrer dans la civilisation moderne des attitudes et des procédés très généraux des cultures primitives, ces occasions prennent une ampleur tout à fait exceptionnelle ». Ainsi les *Christmas cards* semblent jouer le même rôle que les « cuivres », ces objets d'une valeur considérable jetés à la mer ou détruits par les habitants des îles Andaman qui cherchent à produire « un sentiment amical entre les personnes en jeu. (...) Sans atteindre la valeur de ces cuivres, elles sont, par leur raffinement, leur choix, leur singularité, leur prix (qui pour être modeste ne s'en multiplie pas moins par le nombre), la quantité envoyée ou reçue, la preuve rituellement exhibée sur la cheminée du récipiendaire au cours de la semaine fatidique de la richesse de ses liens sociaux et du degré de son prestige ». L'empaquetage des présents, de la même façon, leur accorde sa « fonction magique » et affirme « le lien entre le donateur et son don ».

Les cadeaux de Noël offrent, par conséquent, un cas

de figure particulièrement riche pour mettre à l'épreuve ces théories du don et du contre-don, dont ils sont une illustration exemplaire. Ils offrent aussi par rapport aux exemples ethnologiques rapportés la spécificité d'être à la fois produits par un marché gigantesque (aujourd'hui international) tout en s'échangeant pour la majorité d'entre eux dans l'espace restreint de la famille. Quel type d'évaluation des liens de famille permet alors cette circulation de cadeaux, et à quel prix ?

Le prix des liens, ou des liens à tout prix

L'effacement progressif du Jour de l'An au profit de Noël qui s'est produit dans la seconde moitié du XIXe siècle aura eu deux conséquences importantes : établir d'une façon précise la distinction entre, d'une part, les étrennes traditionnellement offertes aux professions dites « subalternes » et aux domestiques dans les familles aristocrates et bourgeoises [13] — qui se sont généralisées aujourd'hui auprès de certains représentants de professions bien précises comme les facteurs, les concierges, les pompiers... —, et, d'autre part, les cadeaux de Noël échangés dans l'intimité des familles.

Cette distinction va révéler progressivement deux types de réseaux bien différenciés : l'un vertical, hiérarchique et publique ; l'autre, horizontal, familial et privé. Ici, le don œuvre au maintien d'une dépendance sociale en renouvelant la hiérarchie des positions ; on récompense un service et on s'assure de sa pérennité. Là, l'échange est sans hiatus, la réciprocité est immédiate et le contre-don est aussi un cadeau et non un service.

Le *Dictionnaire universel de la vie pratique* de G. Bélèze [14] livrait, en 1890, un commentaire tout à fait intéressant à propos de la définition des *Etrennes* offertes précisément aux « petits métiers » : « ce tribut annuel » était, écrivait-il, comme une « dette contractée envers eux, dont le premier janvier marquait l'échéance ». Or c'est bien cette dette, notion centrale dans les analyses du don, qui va prendre en famille et à Noël une signification toute particulière. Cette dette en effet, qui met dans l'obligation de donner, de recevoir et de rendre, est le lot de ceux qui ont des liens, qui sont à l'occasion des fêtes de fin d'année mis en évidence « beaucoup plus crûment que d'habitude », souligne J. Godbout. Car cette dette est bien celle que nous payons chacun à notre appartenance familiale et à notre réseau amical, c'est-à-dire à la filiation et à la sociabilité. C'est la raison pour laquelle les solitaires ou ceux que J. Godbout appelle « les éclopés des rapports sociaux fuient, dit-il, la période de fin d'année ou la détestent ». Noël fut en effet, on s'en souvient, le contexte saisonnier nécessaire pour que Scrooge et Cosette deviennent deux héros romanesques. Or le premier est un adulte responsable de son absence de liens, la seconde une orpheline, qui est aussi une incarnation de la misère sociale — et le jour de Noël qui marque sa rencontre avec Jean Valjean est aussi celui où une filiation nouvelle est possible.

Lorsqu'on n'est ni pauvre ni solitaire, il existe pourtant encore un très grand paradoxe à s'introduire dans cet échange rituel, dans nos sociétés modernes ; celui-ci consiste à combler les siens en participant à la plus grande dépense collective de l'année. On comprend mieux alors pourquoi ce qui est devenu une fête familiale pleine d'affection soit dans le même temps tellement chargé d'émotion, sinon de tension et parfois même de dégoût.

Une injonction paradoxale

Noël est ainsi le lieu d'une injonction paradoxale : celle qui enjoint à « dépenser sans compter » pour ceux qu'on aime, tout en décriant cette « perte d'âme ». Souvent résolu à l'aide de l'aphorisme sauveur : « c'est l'intention qui compte », ce *double bind*, inconfortable et très largement ressenti comme tel, est à l'origine d'une série de discours savants comme ordinaires. Il provoque tout un éventail de comportements qui vont de l'adhésion sans réserve à l'évitement le plus complet, en passant par le détournement.

Le paradoxe de cette « consommation sentimentale » n'entame pourtant pas, semble-t-il, le plaisir qui l'accompagne, fait établi avec force par les sondages comme par les entretiens recueillis. Nombre de personnes avouent en effet leur « plaisir d'offrir », même si cela se fait au prix d'agacement, de révolte contre ce raz de marée marchand, face à cette société qui obéit comme un seul homme au diktat de la consommation, et qui de surcroît nous impose, à dates fixes, des préoccupations collectives et personnelles à la fois.

Pourtant à la lecture de certains résultats de sondages et avec toutes les réserves qu'il est d'usage d'apporter à ce genre d'exercice, un premier constat s'impose avec force : « chérir les siens en leur offrant des cadeaux [15] » reste pour la majorité un « grand plaisir » [16], avant d'être « une tradition » et, seulement pour une très petite minorité, le geste demeure une « corvée » [17]. Ce plaisir, que la plupart avouent même si vient le contredire la dénégation ambiante, masque autant qu'il révèle la fonction essentielle de cet échange : celle qui réaffirme en effet et raffermit simultanément la nature et la valeur du lien de parenté, et suit très méticuleusement les méandres des alliances tout en leur donnant du relief. Noël restaure ainsi, bon gré mal gré, chaque fin d'année, la place de chacun dans son propre réseau de parenté. Le temps passant, chacun va d'ailleurs occuper toutes les positions : d'abord celle d'enfant, puis celle de parent, enfin celle de grand-parent, expérimentant tout au long de sa vie ces rôles successifs à travers le cadeau qui lui est adressé.

Des règles invisibles

Cela explique sans doute que les règles qui président au choix des présents soient respectées avec tant de rigueur, bien que toujours implicites, non dites et non écrites. Theodore Caplow, pour lequel tout ethnographe qui « découvrirait un rituel si important dans quelque culture exotique pourrait être tenté d'en faire la pièce maîtresse de sa description de la culture », fut un des premiers à parler, à propos de cet échange, du respect et de l'application de « règles sans signification visible ».

A la suite d'une enquête menée à Middletown, aux Etats-Unis, entre 1976 et 1979 où 110 personnes furent interviewées et un inventaire de 4 327 cadeaux fut établi par âge, sexe et valeur, plusieurs constats s'imposèrent à lui. Le premier c'est que l'importance des cadeaux est proportionnelle au degré d'intimité avec le réseau de parenté, les individus qui participent à ce rituel n'étant en aucun cas libres d'improviser et ne pouvant imposer leur propre échelle de valeurs. Ainsi, dit Caplow, « on ne peut faire un cadeau à son neveu supérieur en valeur à celui de son fils », l'argent ne va jamais des cadets aux aînés, etc. Il s'agit de véritables règles de bienséance où le cadeau est une mesure économique de la valeur affective accordée à sa parenté.

Un deuxième constat concerne la réciprocité de l'échange où la notion d'inégalité apparaît centrale dans l'ensemble du rituel. Ainsi, les parents sont toujours de plus généreux donateurs que leurs enfants, et davantage encore envers les enfants mineurs qu'envers les enfants adultes vivant encore chez eux. Entre grands-parents et petits-enfants, le don paraît obligatoire des premiers aux seconds même s'il existe un grand éloignement géographique. En revanche, on peut parler d'une certaine équivalence de dons entre mari et femme, entre enfants, adultes et parents et, si l'on sort du cercle familial, entre collègues par exemple. Jamais, écrit Caplow, ces règles ne sont explicitées par les acteurs, elles ne sont pas même conscientes, même si chacun les observe avec minutie. Il n'existe pas en effet « d'instructions spéciales, ni de maximes, ni de traités spécifiques comme ceux du savoir-vivre ». Il s'agit d'un langage qui s'apprend très tôt dans l'enfance, où chaque cadeau est un message. Fait étonnant, il n'existe pas de réprobation morale à l'égard de ceux qui ne les appliquent pas ou qui négligent « leurs devoirs de Noël ». La réprobation, lorsqu'elle se fait jour, vise essentiellement l'exploitation commerciale de la fête[18].

Autre trait remarquable; la géographie familiale du don et contre-don est d'une stabilité et d'un conformisme étonnants. Ainsi la France des années quatre-vingt-dix ne diffère pas notablement de la société américaine des années soixante-dix. Les rapports entre générations que cet échange actualise sont toujours structurés et hiérarchisés de la même façon. Opportunément, nous possédons une enquête statistique sur ce phénomène, celle de Nicolas Herpin et Daniel Verger pour l'Insee en 1995-1996.

A la lecture de ses résultats, ce qui frappe en premier lieu, c'est le degré d'adhésion exceptionnellement fort à cette pratique. Entre Noël 1994 et le 1er janvier 1995, seulement 3 % des ménages n'ont ni reçu ni donné de cadeaux ! et 8 % n'en ont pas offert du tout mais en ont reçu. Pour tous les autres, le budget moyen des cadeaux offerts par ménage reste très élevé : 4 038 F[19], ce qui correspond à 2,5 % du revenu annuel moyen. Importantes, ces dépenses sont très concentrées dans le temps. Les cadeaux de Noël représentent 62 % des dépenses de l'année consacrées aux cadeaux. Un des résultats les plus significatifs de cette enquête concerne « l'insertion du foyer dans les relations de parenté ». Les fêtes de fin d'année semblent être une occasion « d'ouverture du foyer à l'ensemble de sa parenté ». Par exemple, on s'aperçoit que deux tiers des cadeaux sont offerts à un autre foyer que le sien. En ce qui concerne la sphère amicale, seulement 10 % du budget lui sera consacré, confirmant encore une fois la dimension familiale de la fête si l'on en doutait.

Concernant les relations intergénérationnelles, le « flux des cadeaux » continue à aller des plus âgés vers les plus jeunes, des parents vers les enfants, des grands-parents vers les parents et les petits-enfants. Ainsi dans les 2470 F dépensés en moyenne par un ménage pour l'ensemble des parents extérieurs au foyer, 27 % vont au foyer des enfants devenus parents ou célibataires indépendants et 38 % sont destinés aux petits-enfants. Les auteurs en concluent que cette circulation de cadeaux s'inscrit dans « le cycle de vie où l'on reçoit pendant sa jeunesse et où l'on restitue plus tard mais aux générations plus jeunes ». De ce point de vue, commentent-ils, « les fêtes de fin d'année ne seraient plus exclusivement celles des enfants mais plutôt celles de toute la famille ».

Mais n'en a-t-il pas toujours été ainsi ? Car, si l'enfant occupe une place centrale, celle-ci n'est depuis un siècle que le prétexte au rassemblement de la famille et l'aune à laquelle se mesurent sa cohésion et son histoire de génération en génération, de Noël en Noël. Le cadeau, comme « passeur de mémoire », selon la jolie expression d'Anne Muxel [20], prend ici tout son sens.

Un autre résultat statistique intéressant concerne les stéréotypes des rôles sexuels. Il est symptomatique que le « gros Noël ne soit pas seulement réservé aux seuls grands enfants ». Certains adultes en sont de fréquents bénéficiaires, écrivent Herpin et Verger : les femmes plus que les hommes et, parmi les femmes, les mères de famille. Que la valeur des cadeaux faits à la maîtresse de maison soit supérieure aux autres et que leur nature soit essentiellement domestique « la rappelle curieusement à ses obligations traditionnelles ». Ceux faits à la petite fille sont également très stéréotypés par rapport à ceux que le garçonnet reçoit, dont la plus grande variété l'enferme moins dans un rôle futur.

En 1996, Herpin et Verger constatent néanmoins un léger changement dans la priorité accordée à la lignée maternelle, ce qui n'était pas le cas en 1985, c'est-à-dire lors de leur première enquête [21], où 81 % des couples ayant des deux côtés des ascendants vivants ont reçu un cadeau en provenance des parents, des grands-parents, des frères et sœurs ou des cousins de la maîtresse de maison et 67 % seulement de la parenté de son conjoint [22]. Cette tendance n'était pas non plus présente dans l'enquête de Caplow qui soulignait au contraire que les épouses ne favorisaient pas leur propre lignée. La diminution du mariage et la montée du divorce ont, disent les auteurs, « contribué à recentrer le réseau de parenté sur la relation mère-fille ». Les entretiens que j'ai recueillis confirment effectivement cette tendance chez les couples séparés.

Le point de vue nécessairement descriptif de l'analyse statistique laisse forcément dans l'ombre d'autres aspects relationnels que l'échange révèle et que Th. Caplow n'avait pas ignorés même si sa méthode était quantitative. Un mari offrant à son épouse un présent plus important qu'à ses parents peut par exemple signifier un plus fort attachement à celle-ci. Une belle-mère peut inversement faire la démonstration d'une affection aussi grande pour sa belle-fille que pour son fils ou la confiner au contraire dans un rôle que cette dernière n'apprécie guère. A ce propos les catégories d'utile et de superflu jouent un rôle discriminant, comme l'illustre bien cette jeune femme, psychiatre en province, divorcée et mère d'un enfant, se souvenant des cadeaux très « utiles » que lui destinait chaque année sa belle-mère : « La mère de mon ex-mari m'offrait tous les ans des Tupperware, je sais que c'est cher, mais recevoir ça à Noël, je me suis dit : on n'est pas du même monde. »

L'idée de monde social est ici bienvenue car il s'agit bien de reconnaître des liens, de les confirmer ou de les relativiser — ce qui explique que dans de nombreuses familles « éclatées », chez de nombreux couples séparés, le souvenir du cadeau de Noël est souvent assimilé à une maladresse, preuve incarnée du malentendu. Mais cette reconnaissance subit aussi les effets de la distinction sociale, du goût et surtout de l'interprétation qui peut être faite de ces « fautes » ostensibles ou inconscientes. Cette mère qui chaque année offre les mêmes

« essuie-tout » à sa fille est-elle victime d'amnésie ou lui adresse-t-elle une demande ménagère insistante que sa fille d'ailleurs dit ne pas comprendre ?

Le cadeau peut aussi refléter un affrontement, une recherche de prestige, caractéristique du potlatch, comme dans le cas de ces deux belles-sœurs qui rivalisent chaque année dans une surenchère infinie, laissant l'une des partenaires définitivement en dette symbolique pour un an. Entre parents et enfants qui grandissent, il est parfois traduit comme le signe d'une incompréhension : « Mon fils de quinze ans m'a dit que j'étais nulle d'offrir des chèques-cadeaux pour des livres mais j'en avais assez des petits cadeaux de rien du tout. » Ce fils qui a eu l'habitude que sa mère invente, déniche, « se donne finalement du mal », lui en veut de ne pas « se casser davantage la tête » en offrant un substitut, un équivalent de la valeur de l'objet. Le chèque-cadeau, pratique récente, permet d'aborder la question de l'argent offert en la circonstance.

L'argent, un cadeau « sous condition »

L'argent, s'il est aliénation, est aussi une garantie de liberté[23]. Cette interprétation due à G. Simmel signifie qu'il permet d'échapper à l'univers des liens sociaux, affectifs et sentimentaux, ce qui le situe à l'extrême opposé des cadeaux de Noël. Cependant il peut parfois entrer dans la sphère du don sentimental et devenir lui-même un cadeau, mais à certaines conditions [24] — il est ainsi souvent préféré par les grands-parents. Mais cet argent n'est jamais donné tel quel, il doit pour accéder au rang de cadeau subir une transformation. Cette grand-mère qui offre un billet à chacun de ses petits-enfants a pris la peine de le plier sous forme de cocotte en papier ; cette autre s'applique à décorer l'enveloppe dans laquelle elle le glisse et y écrit un petit mot affectueux.

Des articles parus dans la presse féminine américaine du début du siècle tel *The Ladies Home Journal* s'interrogeaient déjà sur l'opportunité d'envoyer de l'argent aux amis et à la famille à l'occasion de Noël. Après avoir été disqualifié, considéré comme vulgaire, l'argent apparaît comme un cadeau convenable si l'on prend la peine de le « déguiser » pour qu'il ne ressemble plus à une simple transaction commerciale ou à un acte de charité ; si encore, dit l'auteur de l'article, Lou Eleonor Colby, « je peux mettre un peu de ma personnalité dedans ». Mais l'argent comme cadeau change de statut selon le degré d'intimité qu'entretiennent les partenaires de l'échange. On n'imagine pas, aujourd'hui, qu'il soit un cadeau donné en dehors de la sphère parentale [25]. « Le cadeau d'argent est une sorte de baromètre des relations sociales dont la gestion dévoile les rapports que nous entretenons avec les autres », écrit Anne Montjaret [26]. Mais à l'intérieur de la sphère familiale elle-même, la prescription sociale est très forte ; ainsi jamais le don d'argent ne remonte l'arbre généalogique. On n'imagine guère qu'un petit-enfant puisse offrir de l'argent (de poche) à ses grands-parents, ni même à ses parents — ce qui reviendrait évidemment à les rembourser —, mais on ne conçoit pas davantage que les parents offrent de l'argent aux grands-parents de leurs enfants. En revanche le statut d'aïeul permet d'utiliser l'argent comme un don légitime et un cadeau tout à fait décent. Martine Segalen et Claudine Attias-Donfut dans leur ouvrage passionnant sur les grands-parents ont analysé ces « transferts descendants » : « La norme veut que les parents donnent et que les enfants reçoivent[27]. » Lors des fêtes de fin d'année « presque tous les grands-parents font des cadeaux (84 %) » et le plus souvent sous forme de petites sommes d'argent, la majorité « donnent, comme ils disent, la pièce, une enveloppe, une petite somme, de l'argent de poche », généralement du « liquide », parfois « un chèque ». Le terme « étrennes » est même utilisé comme synonyme d'argent : « "Les cadeaux aux petits-enfants ?" s'interroge Pierre qui en compte six, ce sont leurs parents qui les achètent et nous on les rembourse. Ils savent ce qu'ils veulent, ils commandent. Et à nos enfants, on donne de l'argent. Nous, on reçoit un cadeau collectif, un pour ma femme et un pour moi[28]. »

Les cadeaux d'argent sont à l'évidence un signe d'« autonomie des générations », disent M. Segalen et Cl. Attias, ou encore de « respect d'enjeu identitaire » pour François de Singly, qui fait l'hypothèse que « la culture jeune » développée à partir des années soixante a eu cette fonction objective de séparer les générations « donc de créer des territoires différents peu compatibles avec la logique classique des cadeaux[29] ». Ils pourraient être, à l'inverse, signe de mépris et d'absence de lien s'ils franchissaient le mur de la parenté, c'est-à-dire celui de l'intimité. Ainsi le joueur de Dostoïevski peut-il déclarer : « J'ai tellement conscience d'être un zéro à vos yeux que vous pouvez accepter de ma part, même de l'argent. Un cadeau de moi est sans conséquences [30]. »

Mais, si l'argent peut dans cette perspective générationnelle exprimer une sorte de reconnaissance de l'autre, il doit, comme le précise A. Montjaret, néanmoins conserver la trace du lien et n'aura aucune mémoire s'il n'est pas tout de suite converti en un cadeau [31].

On comprend alors pourquoi le choix d'un cadeau mobilise autant d'énergie, car il procède de cette connaissance intuitive, jamais prescrite mais toujours respectée, des règles de l'échange dans l'univers de la parenté et la sphère des amis.

Certains grands magasins, conscients de cette difficulté, proposent des services informatisés où le client peut faire entrer quelques « variables sociologiques », comme le sexe, l'âge, la profession, qui permettront de « sortir » le cadeau adéquat. Cette innovation illustre à quel point ce don rituel est conventionnel, soumis à des stéréotypes sociaux très fortement ancrés dans les consciences individuelles, car cette informatisation repose évidemment sur les fréquences statistiques les plus classiques.

Détournements et réappropriations

Face à l'offre exponentielle, au flux perpétuel d'articles proposés, on conçoit que beaucoup s'inquiètent et essaient de trouver une certaine maîtrise en personnalisant leur geste, mais l'effort même qui consiste à se plonger la veille de Noël dans « l'univers impitoyable » d'un grand magasin a parfois été décrit comme une dépense nécessaire, qui permet à elle seule de « convertir la marchandise en cadeau ». Pour James Carrier, la célébration familiale a ainsi besoin d'être mise en perspective dans ce contexte socio-économique précis, le *Christmas shopping* apportant la preuve irréfutable qu'« une sphère de tendresse familiale est possible face au monde de l'argent [32] ».

Les « achats de Noël » se présentent alors sous un autre angle ; ils représentent un véritable investissement psychologique que, la plupart, nous acceptons de faire, tout en ne cessant dans le même temps de le regretter. En actualisant cette contradiction par l'effort même fait pour la surmonter, le shopping de Noël permet d'introduire de la différence entre le monde extérieur et la sphère privée, de mesurer aussi selon D. Cheal la « relative autonomie » de cette dernière, ce qui explique que les objets faits maison n'aient pas plus de succès. Dans l'enquête menée par Th. Caplow à Middletown, ils ne représentaient en effet que 2 % des cadeaux offerts et étaient pour la plupart fabriqués par les enfants. « L'objet fait maison (est en fait) insatisfaisant parce qu'il dénie le rituel du *Christmas shopping*[33]. » L'hypothèse mérite d'être rapportée, mais le désir de contourner le marché se montre cependant parfois aussi fort que celui de l'affronter, donnant lieu par exemple à la création récente d'un marché parallèle d'« objets à fabriquer » dont on vend les éléments de base (bijoux à réaliser soi-même par exemple). Ici le contexte culturel joue un rôle qu'il ne faut pas sous-estimer. Ainsi en Suède, où le folklore populaire garde beaucoup d'attrait, les objets artisanaux sont très prisés. A l'opposé, le Japon valorise le shopping et l'objet en série. En France, personnaliser ses cadeaux reste un projet sinon effectif, du moins toujours envisagé. Dans une enquête des Familles de France parue en 1996, 40 % des personnes interrogées avaient l'intention de fabriquer elles-mêmes certains cadeaux ; l'argument qu'elles avançaient était d'ordre économique[34] mais celui-ci est bien ici aussi un ordre moral. Martine, aînée d'une fratrie de quatre enfants, fait face à cette ambivalence :

Mon rêve c'est de faire des cadeaux très personnalisés, c'est un boulot ! bien sûr je n'arrive jamais jusqu'au bout. Les seuls qui en bénéficient, ce sont les privilégiés, ceux que j'aime particulièrement comme ma sœur ou ma belle-sœur. Une année je me suis amusée à faire n'importe quoi avec de la pâte à modeler qui durcit au four, des espèces de bijoux affreux, j'ai plein d'idées et je ne répète jamais. J'ai horreur des magasins, mais je finis par y aller.

Claire confectionne des écharpes et des bijoux qu'elle offre aux amies, aux cousines ; chaque année

St. Niklas in Ostfriesland.

Saint Nicolas à cheval tenant d'une main les verges pour punir les enfants désobéissants et sots et de l'autre le panier-hotte qui contient les récompenses pour les sages et les méritants. Figure ambiguë et ambivalente, où le père fouettard se devine sous le masque austère du saint. 1880. © Coll. Kharbine-Tapabor.

.e « vieux et joyeux » *anta Claus* dessiné ar Thomas Nast pour *Harper's weekly* 1er janvier 1881). Thomas Nast fut un des remiers, à donner *Santa Claus* sa rondeur t sa gaieté. Sa bonhomie ontraste avec la sévérité e son ascendant direct aint Nicolas. *Santa Claus* ume ici la longue pipe es bourgeois hollandais, ont il a aussi hérité a physionomie. © Coll. Kharbine-Tapabor.

"Merry Old Santa Claus," by Thomas Nast. From *Harper's Weekly*, Jan. 1, 1881.

Knickerbocker, personnage littéraire créé par Washington Irving en 1809. Participera lui aussi à l'invention de *Sinter Klaas*, le Saint Nicolas hollando-américain jovial et généreux devenu à travers l'épopée d'Irving une sorte de saint patron de New York.
© Courtesy American Antiquarian Society.

Le Père Noël français du début du siècle a encore l'air d'un pauvre hère, d'un colporteur qui transporte dans sa hotte toute une « bimbeloterie ». Il sillonne les chemins enneigés en s'aidant d'une longue canne et est ici chaussé de patins à glace pour faciliter ses déplacements dans la campagne glacée.
© Coll. Kharbine-Tapabor.

Thomas Nast a installé son Santa Claus sur une malle étiquetée Pôle Nord, son pays natal désormais fixé. Dans cette sorte de sanctuaire, les petits Américains de la fin du XIXe siècle sont venus le convaincre qu'ils sont tous de bons enfants… et de futurs « bons » consommateurs ! 1900.

The Shrine of St. Nicholas—"We are all good children."

Première carte de vœux anglaise connue, dessinée par H. C. Horsley en 1843. Deux scènes de charité encadrent un dîner de famille où toutes les générations sont réunies.

Les Contes de Noël de Dickens. (1843). Bob Cratchit, rayonnant de joie en ce jour de Noël, marche dans une rue de Londres en portant son dernier enfant infirme, le frêle *Tim*, sur son épaule. Noël désormais fera une place de plus en plus grande à l'enfant.
© Coll. Jonas/Kharbine-Tapabor.

Les quêtes et tournées des enfants orphelins. Les « sans famille » sont aus devenus un motif littéraire particulière ment présents dans les récits et contes de Noël. © Coll. Kharbine-Tapabor.

En Angleterre, les enfants attendent le passage du Père Noël. Les chaussettes pendues devant la cheminée deviendront, elles aussi, un des symboles du Noël contemporain. La lettre au Père Noël est une pratique qu se généralise. Ici les enfants écrivent tout ce qu'ils désirent recevoir sur une ardoise. 1947. © Popperfoto/Cosmos.

:nta Claus fait la publicité
: Coca Cola. Les enfants
néricains devaient, grâce à
i, devenir de fidèles
nsommateurs du célèbre
euvage et le vieux Santa qui
avait bien besoin lui aussi de
rafraîchir au cours de ses
urnées », devint la meilleure
:s cautions auprès des
arents, jusque-là méfiants.
Coll. Kharbine-Tapabor.

oël c'est d'abord toute
ne série de préparatifs
en famille », ici celui d'un
essert mythique, le *pudding*
alisé par cette mère de
mille, aidée de toutes ses
les (qui ont revêtu un
blier comme elle), sous le
gard admiratif du Père,
n costume-cravate, et des
ois garçons spectateurs
ourmands. 1941.
Popperfoto/Cosmos.

Des mannequins de Pères Noël escaladent la façade du Carlton, à Cannes dans le cadr
de la préparation des fêtes de fin d'année. Ils partent à l'assaut d'un des symboles
du luxe. Distributeurs de cadeaux ou gentlemen cambrioleurs ? © AFP/Vanina Lucchesi.

Un 13 décembre devant la vitrine d'un gran
magasin parisien. Séparation transparente d
rêve bientôt satisfait pour ces enfants qu
attendent le jour J de la distributio
des cadeaux. © AFP/Thomas Co

En décembre 1997, Fauchon le célèbre traiteur parisien a décoré l'une des façades de son magasin sur le thème de l'Alsace, « berceau des traditions de Noël ».
© AFP/Gérard Leroux

Le Père Noël, dans l'hémisphère Sud, garde son costume mais protège ses yeux avec des diapositives, une façon peut-être de percevoir la nuit de l'hiver occidental ? © P. Solomon/Editorial Concepts/Cosmos.

Arrivée du Père Noël le 17 décembre 1997 à l'aéroport Charles de Gaulle à Roissy, en provenance de Rovaniemi, son village natal situé en Laponie finlandaise, 170 enfants des communes limitrophes étaient venus l'accueillir. © AFP/Jack Guez

elle varie l'objet. Parfois ce travail se fait à plusieurs. Cette « personnalisation », qui reste le leitmotiv de ceux qui veulent échapper au « marché », mobilise essentiellement les femmes et plus encore les mères. La raison tient sans doute au fait que ce sont elles en majorité qui choisissent, achètent et décorent. Nelly raconte qu'elle essaie d'impliquer son mari en faisant « une étude de marché » préalable, mais « lui achète au dernier moment, le soir du 24 », ce qui « la crispe et ce dont elle a horreur ». Claire n'arrive qu'à le faire participer à l'emballage la veille au soir : « C'est à ce moment-là seulement qu'il découvre ce que j'ai choisi pour nos trois enfants. » Cela n'empêche pas quelques pères bricoleurs de fabriquer une ferme, un petit garage ou un lit de poupée comme ce jeune agriculteur dans le Cantal. Les grands-mères en revanche ne sont plus celles qu'on croit, déclarent Martine Segalen et Claudine Attias-Donfut, car ce ne sont pas elles qui bien qu'ayant du temps confectionnent elles-mêmes leurs cadeaux : « un gâteau, une broderie ou un canevas, des trucs conçus par elles : même chez les plus vieux des grands-parents, la grand-mère gâteau ou tricoteuse n'existe plus guère, car ses fabrications manuelles ne correspondent plus aux goûts de la jeunesse actuelle [35] ».

Toute une série de ce que j'appellerai ici des stratégies d'évitement ou de réappropriation sont ainsi repérables. Parmi les plus répandues, on peut citer celles qui consistent à prévoir plusieurs mois à l'avance un budget spécial ou à acheter de temps en temps mais tout au long de l'année, renouant avec l'épargne de Noël conseillée par les experts en économie domestique du début du siècle. Les souliers près de la cheminée sont devenus dans ce cas des bas de laine. Ainsi, Françoise, médecin vivant à Paris, mère de deux filles, aime y penser longtemps à l'avance :

> Je choisis sur des catalogues ou en boutiques, parfois je change d'avis, j'offre à l'un ce que je destinais à l'autre. Le dernier moment ne me convient pas, c'est trop difficile parce que je ne trouve pas forcément ce que je veux. Et puis surtout le fait d'étaler les achats c'est une façon de détourner, de ne pas affronter cette pression commerciale insupportable.

Dans les parentèles importantes, la dépense devenant vite exorbitante, et le choix des cadeaux un véritable casse-tête, certains ont inventé des tirages au sort pour désigner « qui donne à qui » comme dans la famille de Martine citée plus haut :

> C'est très compliqué, tous les ans on se dit on n'a pas d'argent alors on ne fait pas de cadeaux, et tous les ans on n'y arrive pas et tous les ans on dépense beaucoup... Alors une année les parents ont tiré au sort qui offrirait à qui, cela permettait de faire un cadeau à tous sans trop dépenser chacun. Ça permet surtout d'en faire un beau. C'est moi qui définissais la règle du jeu cette année-là ; j'ai subi d'horribles pressions. L'an passé une de mes sœurs a refusé de se plier au jeu, ça m'a énervée. J'ai su pourquoi, elle nous avait déjà acheté de très beaux cadeaux. L'an prochain on tirera au sort.

Nelly, architecte, quatre enfants, sept frères et sœurs, dont le mari lui-même est l'aîné d'une fratrie de sept, qui a par conséquent beaucoup de beaux-frères, de belles-sœurs, de neveux et de nièces commence en novembre

pour étaler les frais car même si entre frères et sœurs on se fait des cadeaux symboliques, c'est lourd : quinze cadeaux multipliés par deux ça fait trente ! On avait trouvé une formule où on faisait une tournante. Untel faisait un cadeau à Untel, un gros cadeau, un beau truc. Une année on a fait entre filles et puis entre garçons avec le match retour, l'année d'après. Il y a donc plusieurs formules. La prochaine à laquelle nous avons pensé c'est, comme c'est monstrueux cette fête commerciale et que le 26 décembre tout est en solde, on a pensé faire Noël chacun dans sa petite famille et se retrouver tous pour les Rois : quinze jours après on ferait Noël tous ensemble...

Contourner, échapper à l'emprise marchande, reste un souci majeur qui peut aussi être résolu aujourd'hui par l'implication dans des grandes causes humanitaires comme écologiques dont les associations représentatives éditent des catalogues d'objets et d'articles, garants d'authenticité et « porteurs de sens [36] ». L'esprit de Noël aurait-il aujourd'hui annexé ces nouveaux espaces de solidarités ? Sans aucun doute, mais cette tendance récente a une autre qualité anthropologique, puisque le cadeau échangé en famille déclenche simultanément, à travers cet acte de solidarité une ouverture au monde entier.

Le coût de l'intimité

Si la sphère des sentiments est en permanence défiée par un marché agressif, on a pu voir comment celui-ci avait su, très tôt, jouer sur ce paradoxe en le transformant en une « consommation sentimentale », trouvant sa raison ultime dans le prix des siens face aux autres. Dans cette opération symbolique, c'est donc l'intimité qui est à produire et à protéger. Pour cet autre grand lecteur de Mauss qu'est Georges Bataille, c'était en effet par la « dépense improductive » que les hommes s'efforçaient de retrouver l'« intimité perdue ». Or ce monde de l'intimité qui s'oppose à l'économie classique se gagne au prix d'un « sacrifice, c'est-à-dire d'une production de choses sacrées qui suppose une perte[37] ».

Peut-on alors induire ici qu'au-delà de la consommation sentimentale, et de ses paradoxes, la fonction essentielle de Noël est de permettre, par la dépense engagée à « perte » et par le jeu réciproque de la dette et du don, la reproduction et la préservation de l'intimité familiale qui devient le temps d'une veillée l'objet sacré ?

Chapitre VI

L'ENFANT, PASSEUR

> L'Enfant comme figure idéale, lien symbolique entre les plans de la fête de Noël, de la foi au souvenir, en passant par la légende et le jeu théâtral. On serait tenté de parler de héros de la fête.
>
> FR.-A. ISAMBERT [1].

> Au-delà d'un possible effet de mode, le suremploi du terme de « passeur » et la prolifération de la fonction indiquent à l'évidence que passer ne va pas de soi.
>
> M. DE LA SOUDIÈRE [2].

Si Noël est devenu pour la plupart d'entre nous la « fête des enfants », il faut s'interroger au-delà de cet apparent consensus sur la fonction symbolique réelle que l'enfant assure en cette période, et qui me semble être celle de « passeur ». De quoi ou de qui assure-t-il alors le passage ? et quelle est la nature de celui qu'il franchit lui-même ?

Pour tenter de répondre à cette question, il est utile de faire l'inventaire des rôles principaux que les enfants tiennent, tant dans le folklore que dans la littérature, également des « pouvoirs » qui leur sont octroyés, pendant le « cycle des douze jours » comme au cours de l'Avent.

Tournées et quêtes

Dès le Moyen Age, tournées et chansons de quêtes jouent un rôle très important dans le cycle des douze jours qui, selon Arnold Van Gennep, correspond à une sorte de « dramatisation populaire du changement de période calendaire[3] ». Ces quêtes et tournées débutent avec l'automne, c'est-à-dire au moment où l'obscurité prend le pas sur la clarté estivale, période où les morts vont progressivement mais intimement se mêler aux vivants jusqu'à les harceler lorsque la nuit sera à son comble !

Les dons obtenus au cours de ces tournées, rappelle A. Van Gennep, sont nommés « étrennes », ce qui signifie « cadeaux de bon augure », c'est-à-dire fastes et non pas néfastes. C'est ce sens qui a subsisté dans nos souhaits de Nouvel An et dans l'expression « étrenner », à savoir « être le premier à acheter quelque chose à quelqu'un n'importe quel jour de l'année, ou le premier jour de la semaine, ou du mois, ou d'une certaine période [4] ».

Ces quêtes peuvent en fonction des acteurs et des dates se regrouper en plusieurs catégories. L'exemple alsacien donné par le folkloriste servira ici de référence ; dès la fin du XIVe siècle, il distingue quatre types : les tournées des écoliers, parfois effectuées sous la conduite d'un maître d'école (de la Saint-Nicolas à l'Epiphanie) ; celles des enfants de chœur en liaison avec la fête des Fous, le jour des Saints Innocents ; celles des membres d'une corporation *(reinage)* ; enfin, celles menées par des personnes ordinaires des deux sexes, âgées de plus de quatorze ans et déguisées. Leurs performances masquées se nommaient *momeries* [5].

Lorsqu'on lit attentivement le recensement géographique minutieux qui nous a été livré dans le volume du *Manuel de folklore français contemporain* consacré au cycle des douze jours, on est frappé par l'importance de la présence des enfants. Ce sont dès le Moyen Age des *guisarts* (des déguisés) et, jusqu'à la fin du XIXe siècle, (pour certaines régions jusqu'à la Seconde Guerre mondiale) on a retrouvé leurs traces. On les suit ainsi de maison en maison, chantant des cantiques, comme dans le Haut-Rhin où ils recevaient de leurs parrain et marraine des bretzels ou des *vêques* (pains longs). Dans la région rennaise, la veille de Noël, les petits garçons allaient par les rues des villages et des bourgs portant chacun une chandelle allumée entourée de papier huilé pour empêcher le vent de l'éteindre. Ils s'arrêtaient devant les portes en nasillant : « Chantons Noël, ma bonne Dame, pour une pomme, pour une poire, pour un petit coup de cidre à boire. » On leur donnait des fruits et des sous[6]. A Rennes même, tous les enfants quêtaient en portant des chandelles multicolores, en échange de quoi les commerçants leur donnaient des pralines, des pastilles de menthe...

En Auvergne, près de Clermont, les enfants chantaient *D'où viens-tu bergère...*, et avaient ainsi une chance de recevoir du lard, du saucisson, des œufs ou du fromage. Dans le Cantal, les jeunes gens qui malgré le froid et la neige parcouraient les campagnes une besace sur l'épaule pour recueillir des offrandes étaient appelés *lei rabeillés* (les réveilleurs). Dans la même région, dans l'Aubrac cantalien, à Saint-Urcize très exactement, Pierre se souvient de tournées analogues, qu'il effectuait dans les années trente :

Ça durait une dizaine de jours et c'était effectué par les enfants de chœur. Le clerc décrétait qui viendrait avec lui. Moi je tenais à y aller parce que ça m'intéressait de ramasser quelques sous. On carillonnait tous les soirs. On montait au clocher, on commençait à carillonner là-haut. Il gelait et chacun sonnait sa cloche. On carillonnait et ça pendant dix jours. On était quatre, cinq enfants et le clerc avait les mains dans ses poches. « On passe pour le carillon » était la formule. Le clerc demandait pour nous, un petit biscuit, un peu de café, mais nous on préférait l'argent. D'ailleurs la grosse majorité nous donnait des sous. Moi je me souviens avoir touché cinq ou six sous.

Les vœux des enfants ont souvent un caractère incantatoire qui parfois se retourne et devient insulte et malédiction, comme à Vitré en Bretagne où les chanteurs mal accueillis injurient les gens qui ne leur donnent aucune obole[7].

Le jour des Saints Innocents (28 décembre) a aussi conservé dans quelques endroits son très ancien rôle. C'est le cas en Franche-Comté où « dans un certain nombre de villages les enfants déguisés comme en Carnaval, affublés de peaux disparates, quêtent de maison en maison, en simulant la folie ou l'idiotie, en proférant des sons inarticulés et en se livrant à une pantomime incohérente. Ils demandaient *les innocents* et on leur donnait des pièces de monnaies et des noix ».

Les enfants partagent parfois ce rôle de quêteurs avec les vieilles femmes et les mendiants, comme en Bretagne (les étrenneurs), c'est-à-dire avec ceux, fait remarquer Lévi-Strauss, « qui sont d'une certaine façon incomplètement incorporés au groupe, ceux encore qui participent de cette altérité qui est la marque même de ce suprême dualisme : celui des morts et des vivants[8] ».

C'est cette incomplétude, cette marginalité, qui va leur permettre d'être les passeurs de ce monde à l'autre et de s'assurer un passage pour eux-mêmes lors de ce moment de « bascule » qu'inaugure et que symbolise le temps de Noël. Au début du siècle, Anatole Le Braz décrit avec beaucoup de saveur

ces enfants des bourgs, les mendiants, les vieilles femmes qui vont, chantant de porte en porte, aux approches du jour consacré. Du 24 au 25 décembre, les rues foisonnent de ces chanteurs de Nédelec[9]. Ils voyagent par groupes, le plus souvent à la tombée de la nuit, égrenant leur répertoire le long des seuils, implorant, en échange, le *cuignaou*, les étrennes du pauvre, au nom miséricordieux de Jésus. D'aucuns se réunissent sur la place du village ou s'échelonnent sur les marches du cimetière, et se mettent à psalmodier en plein air, sous les étoiles, de rustiques récitatifs où il arrive que le même acteur soit tour à tour mage et berger (...) Pluie ou verglas, ils n'en ont cure. J'en ai vu stationner devant les maisons, fronts découverts, et toujours bramant, sous des averses torrentielles. Parmi eux beaucoup ne sont pas éloignés de croire que le Christ est venu spécialement pour les Bretons.

Enfants : passeurs entre vivants et morts

De nombreuses croyances mettent en évidence qu'à Noël, et pas seulement en Bretagne, « c'est fête pour les morts comme pour les vivants ». Selon A. Le Braz, auquel j'emprunte cette formule, « les ancêtres sont associés, jusque dans les ténèbres des limbes, à l'allégresse universelle ». Aussi n'est-il pas étonnant, poursuit-il, que les paysans « qui, des terroirs éloignés, se rendent à travers champs à la messe de minuit, croisent parfois en route des défilés mystérieux, de muettes processions d'âmes » [10].

D'innombrables témoignages vont dans ce sens, notamment en Scandinavie et dans le monde slave où le réveillon est un repas offert aux morts. En Alsace, les sapins de Noël étaient autrefois replantés dans les cimetières et l'on disposait leurs branches sur les tombes des enfants.

Il m'a été donné de recueillir, en 1998, des faits similaires. Dans le Loiret, la famille B. a pris l'habitude, le soir de Noël, de traverser le cimetière pour aller à la messe de minuit. Une raison pratique évidente à cela : la maison se trouve à côté du cimetière qui entoure l'église. Mais il existe une autre habitude moins « rationnelle », celle de parler aux morts de la famille. En passant devant leurs tombes, « on leur souhaite un bon Noël, on les fait participer à notre joie ». La famille B. pense que la grand-mère paternelle a inventé cette « tradition », et elle a sans doute raison ; cette grand-mère avait sûrement compris le sens profond de la fête, son « fond archaïque » sans avoir à « emprunter » cette coutume.

De même à Chalezeule, petit bourg du haut Doubs, quelques habitants ont décidé depuis 1997 de décorer à Noël le monument aux morts de leur village : « Ils honorent la mémoire de leurs aînés, écrit un journaliste régional (…) Cette initiative, qui est à mettre au crédit du très sympathique garde champêtre, a mûri dans l'esprit de ce dernier qui voyait régulièrement les tombes du cimetière se parer de beaux apprêts à Noël [11]. »

Les morts à cette période ne sont donc toujours pas oubliés, et leur présence hante encore l'imaginaire populaire même si une fête, celle du jour des Morts, le lendemain de la Toussaint, leur est exclusivement réservée.

Dans cette communication avec l'au-delà, les enfants, surtout ceux nés au cours de la période de l'Avent, jouent encore un rôle essentiel [12]. Ainsi, lors de la messe de minuit, ils peuvent voir ceux du village qui vont mourir au cours de l'année à venir ; ils les aperçoivent en train de déambuler autour de l'autel, au moment de l'élévation, entièrement habillés de blanc [13]. Les enfants nés la nuit même du 24 décembre, jouissent eux aussi de pouvoirs spéciaux : ils peuvent annuler, neutraliser, ceux des sorciers et lier conversation avec les âmes des morts. Ils servent ainsi de « trait d'union », selon l'expression de A. Van Gennep, entre vivants et morts.

Les quêtes de Noël, qui commencent trois semaines avant la Nativité, établissent ainsi, confirme Lévi-Strauss, « une liaison évidente avec la Saint-Nicolas qui ressuscite les enfants morts [14] ». En Grèce péninsulaire, Agnès Fine raconte que ce sont des enfants morts non baptisés qui pendant la période des douze jours deviennent des *caliicatzaris* (*kalikandjarai* à Chypre), c'est-à-dire des « êtres hybrides mi-homme mi-animal qui s'en prennent souvent aux nouveau-nés pour les enrôler dans leur bande, crient et dansent sur les toits des maisons, si on ne leur donne pas à manger [15] ». Là encore, la période de leur apparition est la même et il s'agit bien d'enfants morts qui reviennent harceler les vivants parce que leur mère ne les a pas fait baptiser assez tôt. Nous avons vu que ces mêmes enfants non baptisés faisaient partie de la horde qui accompagnait le chasseur sauvage dans certaines contrées allemandes et alsaciennes. En Scandinavie, ils se transforment en lutins coiffés de rouge. *Jultomte* (le petit homme) — le lutin suédois devenu distributeur de cadeaux, alors qu'autrefois il en recevait, faute de quoi il jouait des tours aux fermiers — en est sans doute issu. Quant à ceux qui sont devenus « ouvriers » dans l'atelier du Père Noël, il est fort probable qu'ils n'ont pas toujours été voués à cette fonction. Le nouveau contexte ouvert par la fête moderne leur a fait perdre leur anarchie et a modéré leurs facéties. En cela, ils n'ont fait que suivre la lente évolution vers l'édulcoration, l'euphémisation des autres figures hivernales, qui ont perdu leur caractère menaçant, agressif, mais du coup ont ôté à la fête sa part obscure, sa dimension dialectique.

Martine, psychiatre et mère d'un garçon de quinze ans, ne peut pourtant imaginer Noël sans cette face morbide :

> C'est quand même la naissance et la mort de quelque chose. Il y a beaucoup de rituels dans cette fête qui sont terribles. Globalement c'est une histoire assez terrifiante. Moi, en tant qu'issue de milieu catholique, rien que l'histoire qu'on nous racontait, ces parents de Jésus qui n'ont plus de logement, qui errent, qui sont rejetés de partout, c'est le moment le plus noir de l'année. Je pense à un truc affreux, ces petits jésus en sucre rose. Mon fils, petit, leur croquait la tête systématiquement. Il commençait à les suçoter et puis crac ! chez les gamins aussi il y a la mise à mort... ou quelque chose comme ça.

La rançon symbolique : l'enfant créancier de l'adulte

Avant que la fête moderne n'entraîne une dédramatisation de ces figures archaïques et un affaiblissement de ces croyances en un monde surnaturel, il semble que ces quêtes et tournées enfantines, adressées aux adultes, pouvaient s'interpréter comme une demande de rançon symbolique puisque ne pas donner exposait au « tour », à la farce ou, pire, à la malédiction. Pour faire valoir leurs créances, ces bandes d'enfants déguisés évoquaient parfois encore plus radicalement la mort annoncée de celui qui donne et son court passage sur terre.

D'autres faits rapportés par A. Van Gennep montrent que dans certaines régions françaises cette malédiction pouvait viser la descendance même, par exemple lorsque les enfants allaient visiter, le 24 décembre au soir, les maisons où un enfant était né dans l'année. Ils souhaitaient alors en chanson que l'enfant nouveau-né soit beau. A ce moment de la prestation, les parents du nouveau-né lançaient des sous et des poignées de noix ou de châtaignes. S'ils ne lançaient rien par la fenêtre, les enfants lui prédisaient la pire laideur. En Pays basque, les jeunes gens se présentaient ainsi devant les maisons. Si les quêteurs étaient contents, ils souhaitaient à la dame d'« entrer au ciel avec douze anges », sinon « avec douze diables ».

Cette demande de « rançon » mérite qu'on s'y attarde un instant. La rançon est en effet, dans l'histoire de la langue, « le doublet populaire de la *redemptium*, qui signifie l'action de racheter, de délivrer, et dans la langue ecclésiastique chrétienne, rachat des hommes par le sacrifice du Christ ». Le mot est passé en français au sens de « prix exigé pour la libération d'un prisonnier, un acquittement, acheter en retour »[16]. Tout se passe donc comme si les enfants donnaient aux adultes une occasion de « rachat », d'acquittement d'une dette symbolique, celle sans doute que les vivants contractent envers les morts, c'est-à-dire ce que le présent doit au passé pour construire l'avenir, dette dont ils sont alors les « passeurs ».

Aujourd'hui, que reste-t-il de ces tournées et de ces quêtes ? Rien ou presque, sinon que l'arrivée récente d'Halloween en France, fête des morts importée par les Irlandais aux Etats-Unis au XIXe siècle, réactualise ces quêtes où l'adulte est « menacé » d'un tour, d'une farce, s'il ne donne rien : *treat or trick* (un bonbon ou une farce). Or, comme autrefois à la Saint-Martin, les enfants ont endossé pour ce rituel les attributs des morts (déguisement d'Halloween et citrouilles creusées figurant l'âme des morts pour la Saint-Martin)[17].

Toutes ces cérémonies s'achèvent ainsi par un don, une « offrande », faite aux enfants, représentants et porteurs du renouveau au printemps ou bien, à l'inverse, figurant les morts au creux de l'hiver.

Aujourd'hui, les quêtes survivent essentiellement sous forme corporative et ce sont les pompiers, facteurs, éboueurs, qui proposent des calendriers en échange d'un peu d'argent laissé à l'appréciation de chacun. Peu refusent et de toute façon nous ne sommes plus menacés, bien qu'à y regarder de près il s'agit là de trois fonctions essentielles, vitales : nous porter secours, préserver notre environnement, nous apporter des messages. Exception faite d'Halloween qui subit un effet de mode récent, les dernières tournées de quêtes ne concernent donc plus une classe d'âge et, en l'occurrence, l'enfance et la jeunesse. Une des raisons semble être le fait que les adultes, en priorité les ascendants directs de l'enfant, ont en quelque sorte « délégué » leur rôle de « donateurs » au Père Noël, entraînant un changement radical dans les rapports de générations et dans la signification sociale de ce moment.

Lévi-Strauss, je l'ai mentionné dans le chapitre consacré au Père Noël, met celui-ci en perspective diachronique avec les abbés de Liesse ou de la Malgouverné (*lord of Misrule* en Angleterre) ou de Déraison, tels qu'ils existaient au Moyen Age, lors de la « fête des Fous ». Or ces « Rois de Noël » défiaient les règles de vie en société, en donnant à la jeunesse un rôle subversif : c'était là l'essentiel de leur fonction.

Aujourd'hui cette appropriation du rituel par la jeunesse a disparu. On en trouve pourtant parfois une expression affaiblie, comme en pays de Caux où curieusement Noël est resté « la fête des jeunes gens ». L'abbé Bernard Alexandre, « horsain » dans ce pays dans l'immédiat après-guerre, constate en effet que « si chacun a sa fête au cours de l'année », les femmes mariées le 2 février, les hommes le 19 mars à la Saint-Joseph, les jeunes filles le 15 août à l'Assomption, Noël appartient bien à la jeunesse masculine :

Bientôt l'église sera pleine, Noël, c'est la plus grande fête de l'hiver en pays de Caux et, qui plus est, la fête des jeunes gens... Ces jours derniers, ces jeunes gens sont allés de maison en maison (sans en manquer une) encaisser la cotisation d'usage et inscrire le (ou les) garçon(s) de chaque famille... Refuser l'inscription est impensable pour des parents qui se respectent ; ce serait mettre son (ou ses) fils en marge de la communauté des jeunes du village. Les sommes recueillies servent à payer le boulanger qui va pétrir les *nourolles* et les *mains* à bénir — une par inscrit. Le boulanger réglé, s'il reste de l'argent, celui-ci servira, selon la coutume, à arroser une petite fête privée entre les garçons [18].

Bien sûr, ces jeunes gens ne sont pas « très véhéments », ils « arrosent » au mieux « une petite fête privée », mais dans ces années cinquante et dans ce pays de Caux, ils sont encore les acteurs principaux et « endimanchés » de la fête. Ils portent en effet les « civières » dans lesquelles on a posé les brioches bénites. Les *clergeots* portent l'Enfant Jésus dans une civière semblable, jusqu'à la crèche. Les enfants sont l'objet d'une attention encore discrète. Invariablement ils trouveront dans leur soulier « une orange et un sucre de pomme ».

Par rapport à ces « Rois de Noël » du Moyen Age, seul le Père Noël peut aujourd'hui encore revendiquer ce statut. C'est « un roi, écrit Lévi-Strauss, mais à visage d'ancêtre ». Et la jeunesse a été en quelque sorte exclue du rite dès la fin du XIXe siècle. Remplacée par l'enfant, devenu objet de tous les soins et de toutes les attentions, elle ne joue plus aucun rôle dans le rite moderne alors que son importance sociologique et médiatique ne cesse de croître. D'où, sans doute, cet ennui ressenti et partagé par beaucoup d'adolescents à Noël. En revanche, l'enfant, lui, n'est pas devenu un Roi de Noël, mais un Enfant Roi que l'on va honorer comme tel, à l'image de celui dont on fête la naissance.

Mais l'enfant est un créancier bien peu menaçant ; il ne met pas (encore) au défi l'autorité, il met bien au contraire de l'ordre, et d'abord dans les générations qui se réunissent autour de lui et au-delà dans la parentèle tout entière qui se « recompose » en son honneur ce soir-là ou « tente » de le faire. En ce sens le cadeau qui lui est fait est non seulement une expression de ces liens de famille ; mais aussi un sacrifice fait pour que la vie, cet enchaînement de générations, continue :

> Interrogeons-nous, écrit Lévi-Strauss, sur le soin tendre que nous prenons du Père Noël, sur les précautions et les sacrifices que nous consentons pour maintenir son prestige intact auprès des enfants (...) cette croyance où nous gardons nos enfants que leurs jouets viennent de l'au-delà apporte un alibi au secret mouvement qui nous incite, en fait, à les offrir à l'au-delà, sous prétexte de les donner aux enfants. Par ce moyen, les cadeaux de Noël restent un sacrifice véritable à la douceur de vivre, laquelle consiste d'abord à ne pas mourir [19].

Cette conclusion, belle et nostalgique, sert de dénouement à la démonstration magistrale qui traite la croyance au Père Noël comme un « rite de passage », une véritable « initiation », car le Père Noël est d'abord « l'expression d'un statut différentiel entre les petits enfants d'une part, les adolescents et les adultes d'autre part ». En cela, il offre cette fois dans une perspective synchronique des analogies frappantes avec d'autres figures présentes dans les rites d'initiation de nombreuses sociétés. Le Père Noël ressemble, par exemple, beaucoup aux *katchina* des Indiens du sud-ouest des Etats-Unis. Or ces personnages, poursuit Lévi-Strauss, « incarnent des dieux et des ancêtres qui reviennent, à date fixe, visiter leur village pour y danser, mais aussi pour punir, enlever ou récompenser les enfants, car eux-mêmes sont les âmes des premiers enfants morts noyés». Ils sont donc la preuve et les témoins d'une résurrection possible après la mort.

Comme pour le Père Noël, ce sont les pères, les oncles ou les parents proches qui se cachent sous ces déguisements destinés à masquer leur véritable identité. Révéler la vraie nature des katchinas reviendrait en effet à exposer l'enfant, à prendre le risque de lui faire subir le maléfice (l'enlèvement et la mort) dont il est menacé et que le rite va justement permettre de neutraliser. Ce que le Père Noël, comme les katchinas, met, en fin de compte, en évidence derrière l'opposition entre enfants et adultes, «c'est une opposition plus profonde entre morts et vivants» [20]. La boucle est bouclée.

Cette interprétation anthropologique du rôle rituel de l'enfant s'est heurtée aux arguments des historiens qui situent l'invention de l'enfance au XVIIe siècle. Ainsi, Fr.-A. Isambert, s'appuyant sur les travaux de Ph. Ariès, ne pense pas que les acteurs des quêtes aient été des enfants mais plutôt de jeunes célibataires et que la distinction importante était celle qui opposait mariés et non mariés. Il n'en reste pas moins que l'opposition pertinente reste celle qui sépare la maturité sociale et physique et l'immaturité de la jeunesse personnifiée par ces célibataires qui «n'ont pas encore de maison».

Cette hypothèse se trouve confirmée par de nombreuses coutumes régionales qui indiquent que la période est propice à «faire passer» le jeune vers son statut adulte, c'est-à-dire à l'âge où il peut à son tour avoir des descendants. Ainsi en Alsace, raconte Gérard

Leser, précisément le jour des Saints Innocents, les parrains et marraines offraient à leur filleul, lorsque celui-ci atteignait quatorze ans (maturité au Moyen Age), une poupée de trente-cinq à quarante centimètres appelée *docke*. Les jeunes filles recevaient en cadeau un sujet masculin et les garçons un personnage féminin. Il s'agissait obligatoirement d'un sujet de sexe opposé ; ainsi les préparait-on à leur future vie conjugale.

A la Saint-Etienne (26 décembre) au Luxembourg avait lieu le « fouettage » des filles, qui était encore en usage dans les années cinquante. Ce jour-là, les jeunes gens, munis d'un faisceau de longues baguettes flexibles, se rendaient par couple auprès de toutes les jeunes filles du village, et à différentes reprises les frappaient. Les mères apportaient alors un sac de noix et de noisettes que les jeunes filles distribuaient aux fouetteurs. En Flandre, le fouettage des filles s'effectuait à la Saint-Nicolas. Toute la jeunesse féminine subissait le fouettage. Il faut se souvenir que noix et noisettes sont les fruits liés à saint Nicolas et qu'ils sont, rappelle Colette Méchin, des fruits « fécondants » et funéraires [21]. En Alsace, le 21 décembre, ce sont les enfants eux-mêmes que l'on touche avec un rameau d'arbre. Ce geste, commente G. Leser, « n'est pas seulement éducatif, derrière lui se profile un rite de fertilité et de prospérité, pour le rendre fécond et plein de vie ».

Ces pratiques disparates géographiquement ne sont ici conviées qu'à titre illustratif ; il y en aurait bien d'autres à citer. La récurrence des faits montre cependant que toutes manient des symboles de fertilité, donc de sexualité, qui accompagnent toujours le moment du passage à l'âge adulte, étape qui trouve dans le temps de Noël une scène rituelle et symbolique pertinente. Ces aspects initiatiques sont désormais un peu enfouis car la jeunesse a cessé de jouer un rôle rituel à cette période. C'est l'enfant qui fait face désormais à l'adulte, non plus sur le mode agressif du défi ou de la menace dont la jeunesse est capable, mais comme « non-initié », incarnation de la crédulité, porteur d'ignorance.

Le mystère de la « croyance » au Père Noël va alors jouer un rôle fondamental. En permettant de célébrer le rite comme une initiation, il exclut un temps les non-initiés que sont les enfants pour mieux les agréger à la communauté. Et, comme dans toute initiation, ces non-initiés sont en danger de mort.

Enfants menacés : le cadeau comme conjuration

Dans bien des croyances et des légendes, on retrouve l'enfant exposé en première ligne, la nuit de Noël surtout, où il court de très grands risques, comme celui d'être emporté par des sorcières et des mauvais génies. En Gascogne, par exemple, on disait que l'enfant pouvait être *quitché* (serré), étouffé, si la *breycho* (la sorcière) en se glissant dans l'ombre pouvait lui souffler dessus ou dire les paroles qu'il faut pour « donner le mal ». En Seine-et-Oise, un mauvais génie se promenait à minuit et jetait par terre les enfants au berceau pendant que leurs mères étaient à l'office.

Le « court moment de la distribution » des cadeaux peut alors être analysé, pour Lévi-Strauss, « comme la période, la seule, où les enfants ont droit à exiger des cadeaux ». Or ce « droit si impérieusement imposé aux adultes, obligés d'élaborer un rituel coûteux et compliqué pour entretenir la mystification », est « le résultat d'un échange », d'une « transaction onéreuse », où l'on retrouve les enfants en « position de marchandage », marchandage au terme duquel le cadeau va permettre de conjurer le danger qui les menace [22].

On peut rappeler ici que le premier cadeau fait à l'enfant était traditionnellement celui du parrain et de la marraine. Dans la société rurale européenne, explique Agnès Fine, « la relation de parrainage était placée sous le signe du don, les parents n'en faisaient guère. Aujourd'hui on assiste à une “surenchère” qui se manifeste par une prodigalité remarquable ». Selon Agnès Fine, le rôle du parrain ne se limite pas à la « renaissance sociale », il est aussi le « médiateur » (comme le Père Noël) de son filleul avec « l'au-delà ». Il arrache l'enfant aux limbes qui le menacent s'il meurt sans baptême et lui assure par conséquent une « bonne mort ». Outre sa fonction conjuratoire, on constate que le don fait ici à nouveau lien entre morts et vivants, comme dans le cas de l'initiation, puisque le parrainage est aussi une relation médiatrice entre ces deux mondes. Le cadeau, témoin de cette intercession, est alors comme une offrande aux dieux pour que l'enfant puisse parcourir tout un cycle vital.

De ce « droit à exiger » des cadeaux, on se souvient aussi que la fête moderne et américaine a très tôt fait un « droit de l'enfant » : « Le droit pour les enfants d'avoir un vrai Noël et de recevoir des cadeaux », écrivait James Barnett pour les Etats-Unis de la moitié du XIXe siècle [23]. C'est à cette même époque que Santa Claus devint en quelque sorte le « saint patron » des enfants, reflétant un souci de protection.

La croyance et le démenti

Au cours de cette période paradoxale et dangereuse ouverte par le cycle des douze jours, où toute cérémonie est chargée d'assurer le succès de la jeune année sur l'ancienne, où rien n'est encore acquis, l'enfant, comme le non-initié, est donc tenu dans le secret d'une croyance qu'il ne faut en aucun cas perturber sous peine de voir s'effondrer l'efficacité symbolique d'un rite et l'échec de ce passage.

Peut-être pouvons-nous trouver là l'explication de cet acharnement à lui offrir ce qu'il désire vraiment, exprimant cette volonté de le protéger d'un très ancien et très archaïque « danger » qui le menace. L'effort, souvent énorme, consenti par les parents peut alors se concevoir comme la participation volontaire à un rituel collectif, dont la mise en scène sera d'autant plus efficace qu'elle sera coûteuse, le coût s'entendant ici à la fois au sens propre et au sens figuré.

Olivier et Cathy, parents de deux enfants (6 ans et 12 ans), racontent comment ils ont déployé des trésors d'imagination pour réussir la mise en scène : « On a laissé traîner des bouts de barbe de Père Noël partout, comme pour la petite souris, on a mis des miettes de fromage partout. » Olivier se souvient ainsi d'un cadeau, « une épée *power ranger's* », que son fils avait demandé. Or ce jouet demeurait introuvable par suite d'une rupture de stock : « On a toujours acheté ce que notre fils nous a demandé parce qu'il y croyait tellement, on ne voulait pas qu'il soit déçu. On a couru partout l'an dernier. On a fini par faire une liste que l'on a envoyée à des amis qui habitent la province et qui l'avaient vu dans un supermarché. »

Cette anecdote rappelle curieusement le scénario d'un film américain au titre évocateur, *La Course au jouet*. Il s'agit d'un père, un peu étourdi et surtout très occupé par ses activités professionnelles, qui a tout simplement oublié que Noël arrivait et que son fils avait les mêmes goûts que tous les autres enfants de son âge, si bien qu'aucun exemplaire du robot convoité n'avait résisté à la folie des achats de Noël. Le film n'est alors que la succession d'épisodes mouvementés pour acquérir à temps le jouet tellement désiré au terme desquels, et là réside l'astuce cinématographique, le père finira, le temps d'une parade de Noël, par incarner lui-même le fameux robot, devenant ainsi le jouet voulu par l'enfant. Il aura à combattre son ennemi, un autre robot « maléfique » : celui-ci incarné par un autre père, lui aussi à la recherche du fameux jouet et lui aussi instrumentalisé pour les mêmes raisons. L'enfant « magnanime » offrira finalement le jouet à l'ennemi vaincu (incarné par l'autre père).

A l'instar de ce père *superman*, ou super-robot, les parents sont en effet « prêts à tout » pour que leur progéniture ne soit pas déçue, c'est-à-dire « pour qu'elle continue à croire ». Lorsque les enfants perdent cette croyance, les parents partagent souvent leur désarroi. Cathy se souvient que « ça lui faisait quelque chose d'avouer la vérité à son fils », elle avait l'impression, dit-elle, de « sauter un pas énorme » : « On le mettait au même rang que nous. C'était triste pour lui et triste pour nous. J'étais terrorisée de lui dire la vérité. »

Ce regret exprimé, cette frayeur d'avoir à dire la « vérité », sont très fréquents. Ils correspondent effectivement à ce qui est dit ici, car l'enfant quitte un rang [24], c'est-à-dire renonce à un rôle, qui lors du rituel de l'échange fut un temps nécessaire à tous. On comprend alors que la tristesse maternelle se fasse jour, car le donateur n'est plus dès lors l'ancêtre mythique, les parents ont repris un rôle statutaire qui les réintroduit dans le cycle de la réciprocité. Les jeunes enfants sont en effet les seuls, dans ce potlatch des temps modernes, à pouvoir sortir de l'échange et de son interminable jeu de réciprocité, car ils ne relèvent aucun défi, si ce n'est le plus essentiel, celui d'être en vie et de nous assurer d'une descendance, donc d'un avenir.

Et par rapport à la question posée plus haut, les enfants une fois « initiés » entrent dans un régime de dette symbolique que l'anonymat du donateur permettait d'occulter jusque-là. Certains, comme Jacques Godbout, ont vu dans les cadeaux de Noël « les premiers objets reçus par l'enfant comme un don». Le premier comme le dernier don, qui est l'héritage, provient ainsi des ancêtres et sa fonction essentielle est sans doute, écrit-il, d'«inscrire le don dans la filiation car le Père Noël est un ancêtre qui rétablit le lien avec tous les ancêtres, que la modernité rompt constamment». De plus, «c'est un ancêtre qui ouvre la famille sur le monde entier».

Pierre Jakez Hélias avait illustré cette hypothèse à sa manière et bien avant qu'elle soit formulée, lorsque, évoquant ses souvenirs d'enfance et le personnage important qu'était son grand-père, il considérait que le Père Noël — qui n'avait pas encore atteint son village en 1920 — n'était qu'un piètre substitut de grand-père : «Je ne connais pas le Père Noël. Mes parents non plus. Mon grand-père encore moins. L'Enfant Jésus n'a pas délégué ses pouvoirs à ce personnage à barbe et houppelande qui sera plus tard une caricature des grands-pères quand ceux-ci auront été déchargés de l'éducation de leurs petits-fils [25].»

Mais l'apparition de cet ancêtre bienveillant, de ce pseudo-grand-père, peut aussi être interprétée comme une protection «du danger du don total que constitue le rapport actuel parents/enfants», écrit J. Godbout [26]. Il est vrai que le Père Fouettard disparu (à part quelques exceptions régionales), l'enfant n'a plus rien à promettre en échange, sagesse et obéissance, discipline et bonne conduite. C'est peut-être le privilège et la malédiction réunis de Santa Claus, distributeur sans condition, ni exigence d'aucune sorte, auteur et responsable du don sans retour. Une nouvelle du romancier Gaston Leroux parue en 1924 offre une scène romanesque qui pousse cette hypothèse jusqu'à l'extrême. Il s'agit de M. et Mme Vincent, parents tardifs d'un fils prénommé Vincent. Ayant contracté pour cet unique enfant encore petit une assurance-vie, ils ne sont pas sûrs de pouvoir travailler assez longtemps pour la payer. L'idée, qui est celle de la mère, est alors d'offrir à leur unique descendant leur mort en cadeau de Noël. Sacrifice ultime, ce double suicide devait permettre à l'enfant de bénéficier pleinement de l'argent de l'assurance, « de ne manquer de rien »[27]. Heureusement Gaston Leroux voulant « noircir » davantage son intrigue eut « le bon goût » de ne pas réaliser le souhait de ses personnages et Vincent / Vincent, l'enfant de ce couple trop « généreux », ne recevra pas le montant de l'assurance, que l'assureur, après enquête, avait refusé de verser. Ainsi l'écrivain épargna à son personnage un plus grand danger : celui du don total, représenté ici par le sacrifice de la vie[28].

« Je sais bien, mais quand même »

Inscription dans une filiation et protection du danger d'être en dette par rapport à celle-ci, seraient ainsi les deux fonctions actuellement avérées du Père Noël et l'explication de sa prodigalité.

Il en est une autre, suggérée par le psychanalyste Octave Mannoni dans un beau chapitre intitulé : « Je sais bien, mais quand même »[29]. Centré sur la dénégation *(Verleugnung)*, il pose « l'enfant comme support de la croyance des adultes » ; la crédulité enfantine, écrit-il, nous aiderait ainsi « dans la répudiation de nos croyances »... Reprenant à son tour l'exemple des katchinas des Indiens Hopis, cette fois à travers la biographie de Don Talayesva [30], il montre comment le Père Noël, comme les katchinas, est d'intelligence avec les parents pour « mystifier » les enfants. Ces masques sont en effet portés par les pères et les oncles chez les Hopis. Mais à la différence du Père Noël « ambigu mais débonnaire », les katchinas sont des « figures terribles et terrifiantes », puisqu'elles « veulent manger les enfants » (comme le boucher de saint Nicolas [31] ?).

La révélation de la mystification, c'est-à-dire en somme « la répudiation de la croyance », est un élément essentiel de l'initiation. Mais ce moment très pénible où la croyance est démentie est aussi celui où elle peut continuer son existence sous une forme adulte : « quelque chose a pour ainsi dire passé de l'autre côté, c'est la définition de l'initiation », ajoute Mannoni. Toutes les croyances reposent ainsi sur la crédulité de l'enfant qui est, « d'un point de vue synchronique », cette figure extérieure qui va se charger, après répudiation, de nos croyances comme chez les Hopis. La grande place que l'enfant tient « dans l'organisation de la croyance s'explique de cette façon et non dans la formation spirituelle qu'on veut lui donner », conclut-il.

Pour pouvoir continuer à maintenir cette croyance et à la transmettre, à faire que les initiés puissent un jour permettre à d'autres de franchir le seuil qu'est la petite l'enfance, il faut donc en passer par ce démenti, moment traumatisant, d'« inquiétante étrangeté » *(unheimlich)*, qui est celui de la découverte de la réalité. Comme pour le Père Noël, la découverte par l'enfant hopi que les katchinas étaient les pères et les oncles est une démystification qui est à distinguer de la « vérité mystique » à laquelle on les initie, et le Hopi peut dire de bonne foi : « Je sais bien mais quand même, les katchinas sont là quand mes pères et mes oncles dansent masqués. »

De la même façon, nos enfants pourront dire : « je sais bien mais quand même », lorsqu'on leur aura révélé que le Père Noël n'existe pas. Ainsi Robin, alors âgé de sept ans, et sorti de la « croyance » depuis un an, tenait « quand même », lors du Noël suivant, à laisser une fois encore le verre de lait destiné au Père Noël et les carottes pour les rennes. Il répéta l'opération deux années de suite et finit par renoncer définitivement à cette mise en scène, non sans regret.

De même, Hélène âgée de neuf ans « croit » encore au Père Noël ou, dit sa mère, « fait semblant d'y croire encore » :

Elle dit qu'il y a des cadeaux qu'il faut demander au Père Noël et puis d'autres qu'il faut me demander. Elle m'apporte toutes les preuves de son existence et moi, de toute façon, je joue le jeu. La preuve qu'elle brandit, c'est qu'au Père Noël, on peut lui demander tout, il en oublie quand même ! Elle pense que moi, sa mère, je ne mettrais pas tant d'argent, que ça, donc, c'est bien la preuve *a contrario* que ce n'est pas moi qui les achète. Alors elle fait une longue liste. Quand elle a la flemme, elle prend les catalogues. Quand on est parent, on est content en même temps de savoir qu'ils y croient alors même qu'ils sont au courant des prix, qu'ils voient partout les vitrines remplies de jouets ; on est content en effet de ce côté rêve, le principe du rêve de quelqu'un qui peut tout vous offrir, qui est l'image de grand-père éternel, doux, gentil, qui ne punit jamais. Ça a un côté magique extraordinaire.

Cette magie évoquée est, si l'on suit O. Mannoni, ce dont, en effet, il s'agit : « Il n'y a pas d'abord une croyance à la magie mais d'abord une magie de la croyance. La panique de Don Talayesva qui succède à la découverte de la réalité, c'est-à-dire de l'existence "non magique" des katchinas, peut se rétablir grâce à une "transformation qui la rend magique", et il est aidé sur ce point "par les institutions mêmes de son peuple". Le jeune Hopi pourra donc dire après le démenti "*je sais bien* que les katchinas ne sont pas des esprits, ce sont mes pères et mes oncles, *mais quand même* les katchinas sont là quand mes pères et mes oncles dansent masqués". Pour le psychanalyste, cette crise "répète de façon indéniable une autre crise, celle de la castration" [32] ». L'histoire de Don Talayesva, « c'est l'histoire de tout le monde, normal ou névrosé », poursuit O. Mannoni. Mais les Hopis ont pris grand soin selon lui d'« institutionnaliser » fortement le « passage de l'autre côté qu'est l'initiation », avec le moment crucial de la révélation de la mystification. Nos sociétés modernes sont moins vigilantes de ce point de vue et chacun se débrouille avec sa perte et son manque [33].

Maria est née en Pologne dans les années trente et y a vécu jusqu'à son départ pour Paris en 1960. Elle se souvient de ses Noëls à Varsovie, où sa mère veuve l'élevait seule et « adorait lui faire croire au merveilleux » :

On me disait qu'il y avait le Père Noël, mais c'est la jeune fille qui me gardait qui faisait le Père Noël car ma mère dirigeait un journal et travaillait beaucoup. Pendant des années je croyais vraiment et jamais je ne me posais la question de savoir pourquoi c'était la seule absente de la famille ce soir-là. On me racontait des histoires, qu'elle était partie dans sa famille... C'était des fêtes très féeriques, où il y avait le Père Noël, l'arbre de Noël qui, plus il était grand, plus il était beau. On le décorait à mon insu.

J'ai ainsi cru très longtemps au Père Noël ; ce fut ma première aigreur et ma première revendication auprès de ma mère parce que, lorsque j'ai appris qu'il n'existait pas, je n'ai pas supporté qu'elle m'ait menti et je me suis sentie ridicule parce que tous les enfants de ma famille me prenaient pour une idiote. Mais moi je me disais que ma mère avait dit qu'il existait, donc il existait ! Ce fut donc une très grave déception. J'avais sept, huit ans, et c'était la guerre. J'en voulais beaucoup à ma mère, car c'était une personnalité très forte et je croyais qu'elle était infaillible, je ne sais comment dire. Lors de ma première dissertation je devais décrire mes parents. J'ai décrit ma mère qui était à la fois père et mère comme une sorte d'« extraterrestre ».

Cette révélation entraîne pour Maria une autre prise de conscience plus brutale encore : « Ma mère me disait que mon père était toujours près de nous. J'ai compris que ce n'était pas vrai... »

Démenti, déception, passage à la réalité crue, nue, l'histoire de Maria illustre bien le bouleversement qui peut saisir les enfants.

Certains d'entre eux, en revanche, font en sorte de ne

pas décevoir les parents. On assiste alors à un véritable jeu de rôles, qui est dans ce cas précis aussi un jeu de dupes :

On allait à la messe de minuit, raconte à nouveau Martine, aînée de quatre frères et sœurs, on faisait tout un rituel « catho », car mes parents, surtout mon père, ont une croyance inébranlable. C'était en l'honneur de l'Enfant Jésus que nos parents nous donnaient des cadeaux. On nous offrait des cadeaux comme on offre à un bébé qui est né. Mais c'était le mystère absolu. Nous, on savait que c'était nos parents. Dès que ma mère tournait les talons, on allait tout défaire à deux et Chantal racontait tout aux autres. On les avait le lendemain matin, on n'avait pas le droit de venir avant le réveil des parents.

Dans son ouvrage autobiographique *Vidal et les siens*, Edgar Morin se souvient que ses parents Vidal et Luna « avaient adopté Noël et le Père Noël » comme signe de « francisation » et très vite l'enfant qu'il est alors joue lui aussi le jeu pour les combler et récompenser l'effort qu'il faut pour entourer ce moment de mystère :

Ainsi, la soirée de Noël ils laissent leur fils s'endormir, vont au spectacle, reviennent sur la pointe des pieds, déposent les jouets devant les chaussures et s'éclipsent pour leur réveillon. Curieux de voir la tête du Père Noël, le Minou fait semblant de s'endormir un soir de réveillon, se force à demeurer éveillé, entend du bruit, ferme les yeux, sent sur ses paupières la lumière s'allumer, entend les chuchotements de ses parents, les entr'aperçoit étrangement déguisés, et les voit déposer dans la cheminée des jouets surgis on ne sait d'où. Le lendemain, il n'informe pas ses parents qu'il est informé, préférant leur laisser l'illusion qu'il est dans l'illusion[34]...

On a là un bel exemple de stratégies de protection réciproque, de ménagement des uns et des autres, pour que le mystère soit maintenu, le secret bien gardé. Les enfants ont sans doute cette conscience vague que leur crédulité dépend de celle de leurs parents, car c'est bien de celle-ci et de son prolongement dont il est question. « Croire au Père Noël » est un plaisir partagé, une illusion entretenue de part et d'autre, et la révélation est un moment important dont les parents veulent avoir l'exclusivité. Preuve en est, le mécontentement, l'irritation fréquente des parents dont les enfants ont été avertis de la supercherie par d'autres enfants. Il y a comme une révélation qui ferait fi de l'intimité, qui ferait passer trop vite « de l'autre côté » des « choses de la vie ». Mme de B. se souvient du mécontentement de sa mère, lorsque celle-ci apprit que le fils de leur régisseur avait « vendu la mèche ».

Cette intimité à préserver est à rapprocher du secret de la naissance, dont l'arrivée du Père Noël est pour certains une métaphore. C'est l'approche de la psychanalyste Monique Schneider :

Le thème du Père Noël, qui a une fonction de « médiateur », est très corrélé à l'idée d'un lieu de naissance chez l'enfant qui est en même temps un lieu de passage très ténébreux et, de ce point de vue, on peut penser que c'est étonnant de présenter un Père Noël rouge flamboyant alors qu'il est censé avoir pénétré par la cheminée, (...) Si l'enfant s'interroge sur ce que peut représenter la cheminée, il a l'idée d'un trou sombre qui contraste peut-être avec d'autres éléments qui sont là dans la représentation de Noël où l'Enfant Jésus, nous dit-on, est censé être né d'une Vierge... De ce point de vue-là je pense que le Père Noël nous fait entrer dans un réseau de représentations assez peu virginales, il y a le trou sombre, les conduites internes du corps, le passage par la cheminée et par le feu[35]...

On rencontre une évocation similaire chez Michel Leiris dans *L'Age d'homme*.

Une des grandes énigmes de mes premières années, en dehors de l'énigme de la naissance, fut le mécanisme de la descente des jouets de Noël à travers la cheminée. J'échafaudais des raisonnements byzantins à propos des jouets trop grands pour pouvoir logiquement passer dans la cheminée. Le Père Noël les ayant lâchés d'en haut (...) Lorsque j'appris que les enfants se formaient dans le ventre et que le mystère de Noël me fut révélé, il me sembla que j'accédais à une sorte de majorité ; cela se confondit pour moi avec la notion d'âge de raison, époque qui — en principe — est celle où l'on reçoit le premier degré d'initiation. Dès que je sus ce qu'était la grossesse, le problème de l'accouchement se posa pour moi d'une manière analogue à celle dont s'était posé le problème de la venue des jouets dans la cheminée : comment peuvent passer les jouets ? comment peuvent passer les enfants[36] ?

En Bretagne, au cœur du pays bigouden dans les années vingt, Pierre Jakez Hélias, qui a cinq ou six ans, n'attend pas le Père Noël mais l'Enfant Jésus qui, lui aussi, doit passer par la cheminée, laquelle :

toute noire qu'elle soit (...) est pure à cause du feu qui purifie tout. Et c'est pourquoi le grand-père se démène pour préparer notre meilleure échelle à l'intention du Fils... Et c'est pourquoi la mère prête sa meilleure brosse de chiendent pour nettoyer l'échelle avec le renfort d'un seau d'eau. Quel remue-ménage ! Enfin la voilà propre et sèche.

Alain Le Goff, le grand-père, dressera ensuite l'échelle pour que l'Enfant Jésus puisse descendre à son aise[37] !

C'est encore le grand-père qui jouit de son vrai rôle d'« éducateur » qui « aide » au maintien du secret :

Un bruit de tonnerre me réveille. Serait-ce la fin du monde sur nous ? La trompette de l'Archange est un tambour que je connais bien pour l'avoir fait sonner moi-même. Celui que mon oncle Jean Le Goff m'avait rapporté de quelque ville... Je me dresse dans ma chemise de chanvre, je colle un œil dans une des sculptures à jour de mon lit clos et je vois. Je vois grand-père en chemise lui-même, les pieds nus dans ses sabots, dressé sur le sol de terre battue, qui sonne la charge du mieux qu'il peut. Il devine mon œil derrière les trous, il voit mes doigts qui s'agrippent aux fuseaux du lit. Il s'arrête et d'une voix désolée : « J'ai été pris de court, dit-il. Je vous ai réveillé aussi vite que j'ai pu, mais c'était déjà trop tard. Il n'a fait que descendre et remonter, moi-même, c'est à peine si j'ai vu le pan de sa robe. Il a tant de travail à faire cette nuit, le pauvre Enfant Jésus ! Mais il a laissé quelque chose pour vous derrière lui. Venez donc voir »...

Que se passe-t-il lorsque le secret n'est pas respecté, lorsque personne ne se soucie de créer l'illusion ?

Il est intéressant, à ce propos, d'analyser ce que disent les parents qui évitent cette épreuve de la révélation, de la mystification, en avouant d'emblée que le Père Noël n'existe pas. Leurs arguments sont en général de deux types : ne pas mentir aux enfants ; ne pas les décevoir en leur disant, après coup, la vérité. Les deux raisons sont liées, mais elles entraînent une conséquence importante, celle qui énonce le vrai rôle joué par les parents : « C'est nous qui t'offrons », c'est nous qui faisons ce « sacrifice » pour toi.

D'un point de vue anthropologique, ce versant « incrédule » est signifiant car l'enfant est, dans ce cas, « sorti » en quelque sorte de sa classe d'âge. Il ne participe pas en effet de la mystification collective comme ses pairs. Il n'est donc plus en position de futur initié puisqu'il « sait » d'emblée. En revanche, sa position ressemble davantage à celle du quêteur d'autrefois qui attend ses étrennes en échange des « bonnes grâces » qu'il accordera à ses parents. Beaucoup de ces parents « non mystificateurs » avouent souvent que « c'est en souvenir de leur immense déception d'enfant » qu'ils ont voulu « éviter de reproduire avec leurs propres enfants ». Ce faisant, ils mettent à nu le double endettement dont j'ai parlé plus haut ; le leur vis-à-vis de l'enfant et le sien vis-à-vis d'eux. En ne masquant rien ils ne révèlent rien non plus, et l'enfant n'est plus ni passeur ni passant.

Si l'enfant a besoin de rencontrer la désillusion, un jour, il a besoin d'un épisode où il soit sûr d'avoir été entendu, dit Monique Schneider, qui poursuit : Le Père Noël est celui à qui on adresse ses désirs et la démarche de Françoise Dolto dans les années soixante était dans cette logique. Elle avait eu l'idée qu'on réponde aux lettres des enfants, c'est la raison pour laquelle, depuis cette date, les PTT essaient de répondre aux lettres que les enfants adressent au Père Noël [38].

Cette position est aujourd'hui très répandue, mais on a pu constater que ce n'était pas le cas au lendemain de la guerre. Le simulacre n'était pas de mise ou reconnu pour son utilité dans la structuration psychologique de l'enfant. On parlait, au contraire, d'« aliénation », de « perversion ». C'est dans les années soixante que le revirement a lieu. Les journaux d'alors questionnent souvent pédiatres et psychiatres, psychologues. Aujourd'hui, de façon quasi unanime, les spécialistes de l'enfance sont les défenseurs de cette « croyance » car elle permet, disent-ils en substance, de « désacraliser les parents » et sert par conséquent de prélude à « l'apprentissage de la désacralisation de la réalité ».

Quant aux parents, ils apprennent, eux, à « s'effacer derrière le don », à s'entendre préférer « la marraine ou la grand-mère qui, elles, ont offert quelque chose ». Cette expérience du don gratuit n'est donc pas une épreuve banale pour les parents. Si celui-ci fait partie intégrante du « mystère » dont Octave Mannoni a si bien analysé l'efficacité symbolique, le cadeau comme expression concrète reste un souvenir « fondateur » dans la reproduction future du rituel, un emblème de ce que fut sa propre enfance, et un enjeu de générations.

L'orange : un emblème et un enjeu

Le don fait à l'enfant l'inscrit dans une filiation en mobilisant le premier cercle (parents), le deuxième cercle (grands-parents) et même un troisième (alliés et collatéraux).

Ce cadeau fait à l'enfant est sans nul doute le « plus soumis aux liens », de l'expression bienvenue de J. Godbout. Plus précisément encore on peut dire qu'il appartient à l'histoire générationnelle qu'il actualise d'autant plus que l'histoire sociale la magnifie. Le souvenir du cadeau est en général l'occasion pour un parent et *a fortiori* un grand-parent de parler de la différence entre les Noëls d'antan et les Noëls présents, ce qui revient à parler de la différence des générations, puis de celle entre les milieux sociaux.

Après Pierre Jakez Hélias, c'est Toinou, l'Auvergnat, né à Ambert en 1888, qui fait l'expérience d'un présent surprenant :

> Le petit Jésus fut encore bienveillant cette année-là, il m'accorda une pipe en sucre, pareille à celle de l'année précédente, et une orange, fruit extraordinaire que je n'avais jamais vu aux arbres. Cette remarque est d'importance, elle renforça singulièrement ma foi sincère que la chose venait en ligne droite du jardin du petit Jésus. A vrai dire le premier coup de dent que je lui donnai me déconcerta. Ma mère prit un couteau, enleva l'écorce et le fruit se démonta curieusement en quartiers (...) La saveur acide me tira des larmes ; les fruits du paradis ne valaient pas, à beaucoup près, les pommes de grand-père... Il restait la magnifique pipe en sucre rouge dont je connaissais tout le prix [39].

Le cadeau, surtout s'il est modeste, permet souvent une critique du matérialisme et du consumérisme outrés qui caractérisent la fête contemporaine. L'orange, cet humble présent, est alors conviée comme paradigme du temps qui passe et des rites qui se perdent. Dans les milieux populaires, le jouet était avant guerre encore assez rare (tout comme l'était le sapin décoré réservé à la bourgeoisie et à l'aristocratie, et de toute façon plutôt urbain). Mais celui-ci finissait par apparaître et donnait alors la « vraie » mesure de la valeur du lien familial par l'intermédiaire du « sacrifice » accompli.

Janine, née à Paris en 1924, évoque encore avec beaucoup d'émotion cette première poupée si précieuse qu'elle a conservée avec soin jusqu'à l'âge adulte, mais n'a pu malheureusement transmettre très longtemps à la génération suivante de ses filles :

Une année, j'avais six ans, c'était Noël 1930, on m'offrit une poupée à tête de porcelaine. Son prix exorbitant représentait un mois de salaire de mon père. Lorsque je fus à mon tour mère de famille, je l'offris à ma fille aînée alors âgée de deux ans. Prise d'une curiosité irrépressible celle-ci tapa la tête de porcelaine avec un maillet, intriguée, je suppose, par les yeux mobiles...

Pierre, qui est de la même génération, se souvient qu'à Saint-Urcize (Cantal), dans les années trente, c'était l'Enfant Jésus qui apportait les cadeaux. Orphelin élevé par sa grand-mère, c'est sa tante installée à Paris comme beaucoup de gens d'Aubrac qui compense à Noël l'absence des parents :

Mais, je voyais le Père Noël dans les revues, vêtu de blanc et barbu. Le lendemain matin je trouvais une orange et un sucre d'orge. Ma tante m'avait envoyé, l'année de mes sept ans, trois pompiers dans une boîte, ils étaient en plâtre et peints en rouge et noir et bleu avec un casque de pompiers. Ah là là, j'y tenais ! Tous les soirs je les couchais dans une boîte à sucre que je déposais sur le rebord de la fenêtre et je les recouvrais d'un chiffon. Une nuit, il a plu et le lendemain, les trois pompiers étaient fichus ; j'en ai pleuré, voyez je n'étais pas bien grand. Les enfants de mon âge avaient de beaux cadeaux. Leurs parents, c'étaient des gens qui étaient commerçants à Paris, qui tenaient les cafés. Leurs enfants qui étaient en nourrice recevaient de beaux cadeaux, des voitures à pédales, des trains électriques. Moi qui étais orphelin, je n'avais que cette tante qui m'envoyait un jouet. Pour cette raison je ne situe pas Noël comme tout le monde. Je vivais mal cette différence. Même plus tard lorsque je suis monté à Paris, je l'ai mal vécue. Alors dès que j'ai eu des enfants, j'ai fêté Noël, tous les ans, toujours. Pourtant ça n'était pas facile mais ils étaient gâtés... des robes, des chaussures... On faisait Noël à la maison. Y'avait le sapin, y'avait la crèche et jusqu'en 1979, on prenait la tante qui m'a élevé avec la grand-mère, tous les hivers chez nous... On a commencé bougnats avec une voiture à bras puis on est devenu cafetiers, on a gravi quelques échelons. Mais partout où on est passé, on a fait Noël...

Aujourd'hui Pierre aime toujours autant passer Noël avec les siens qu'il continue à gâter « énormément », comme pour honorer la mémoire de sa grand-mère. Ses cadeaux sont d'une certaine façon le signe de sa réussite sociale, dont ses enfants doivent « profiter » mais, en tant que signe justement, ils lui font prendre la mesure de la distance parcourue et, pour cette raison, jamais Noël ne se déroule sans une certaine nostalgie :

C'est énorme ce qu'on dépense à Noël. Pour moi, c'est la plus grande fête de l'année. C'est aussi une date qui me donne des cafards. J'ai la nostalgie de mon enfance. Je ne peux pas envisager un Noël à Paris avec les lumières, les vitrines pleines, je ferme les yeux et je me revois tout petit. J'en parlais l'autre jour avec un copain de Saint-Urcize. Lui aussi, il était ému en évoquant cette période. Ce qui m'émeut le plus c'est, devant ce faste déployé, de repenser à ma grand-mère qui n'a jamais connu ça. Et pourtant elle faisait de gros efforts. Mais à l'époque il n'y avait pas de réveillon, elle me préparait du chocolat dans lequel on trempait du pain, après la messe de minuit, qui à l'époque avait vraiment lieu à minuit. Et ce n'est pas la faute des petits aujourd'hui s'ils gâchent une partie de ce qu'on leur donne à manger ce soir-là. Dans cinquante ans ils s'en souviendront comme moi je m'en souviens. Le lendemain je suis content d'avoir passé Noël. C'est une étape, maintenant à mon âge ce sont des étapes décisives. On se demande toujours si l'an prochain on le fera...

Cette étape est franchie par les grands-parents qui ne sont pas assurés de pouvoir en éprouver encore beaucoup d'autres. Les grands-parents sont souvent les organisateurs de la fête. Leur rôle dans la transmission des « souvenirs d'antan » et dans l'offrande faite aux enfants est essentiel. On a vu précédemment qu'ils pouvaient offrir de l'argent sans déroger aux principes de la bienséance. Recevant trois fois moins qu'ils ne donnent, ils bénéficient d'une sorte de supériorité dans le rituel, qui peut aller jusqu'à dévoiler leur identité de donateurs à leurs petits-enfants.

Michèle de B., qui organise chaque année un réveillon, tient ainsi à ce que les petits enfants sachent que c'est elle qui achète les jouets : « J'organise tout et les parents voudraient que je cache l'origine des cadeaux faits. Ils sont gonflés ! »

D'une certaine façon les grands-parents bénéficient de la distance générationnelle suffisante pour ne pas perturber ni intriguer leurs petits-enfants, ce qui d'ailleurs n'est pas toujours du goût des parents qui se sentent parfois « floués » dans leur maîtrise du don.

Anne, mère de trois enfants, ne supporte pas que sa mère offre la totalité de ce que les enfants ont inscrit sur leur longue liste de cadeaux : « On se sent complètement ridicules lorsqu'on sort nos deux cadeaux par enfant alors que la grand-mère en offre dix à chacun, et tous les ans c'est le même scénario ! »

Cette sorte d'« impunité » dans laquelle semblent évoluer beaucoup de grands-parents est révélatrice de l'importance de la position qu'ils occupent dans l'espace familial et social à ce moment de l'année. L'enfant, lorsqu'il est averti de la véritable origine du don, est en relation de complicité avec ses grands-parents vis-à-vis des parents.

Du point de vue littéraire, l'aïeul occupe une place essentielle à partir du XIXe siècle, où l'on a vu que la figure de l'enfant « sans famille » ou maltraité par celle-ci envahit les contes de Noël. Ainsi, c'est la grand-mère qui accueille la petite fille aux allumettes dans « l'Autre Monde », cette grand-mère défunte fut en effet « la seule personne qui eût été bonne pour elle » :

De nouveau, elle frotta une allumette contre le mur ; elle éclaira à la ronde et dans cette lueur, il y avait la vieille grand-mère, bien claire, toute brillante, douce et bénie... Jamais la grand-mère n'avait été si belle, si grande. Elle prit la petite fille sur son bras et elles s'envolèrent dans cette splendeur et cette joie, bien haut, bien haut, là où il n'y avait pas de froid, pas de faim, pas d'angoisse... elles étaient auprès de Dieu[40].

Si les « anciens » en littérature ont toujours le « beau rôle » à Noël, cela tient aussi au fait que dès la fin du XIXe siècle, écrit Claudine Attias-Donfut, « au moment où naît l'image de l'enfant, émerge celle du vieillard noble »[41]. L'histoire de l'enfance et l'histoire de la vieillesse offrent ainsi une curieuse symétrie, constate Ph. Ariès[42]. Dans l'idéal bourgeois de la famille, dont Noël est aussi la célébration, l'intérêt porté à l'aïeul est lié à celui de l'enfant dont il est dès cette époque « l'éducateur désigné[43] ».

Lorsque des grands-parents on passe au « troisième âge », c'est-à-dire à un collectif identifié exclusivement par son âge, un fait apparaît brutalement : les anciens sont traités comme les enfants des écoles. Sous le titre assez prisé de « ronde de Noël », la presse locale nous conte le « Noël des anciens » sur le même mode que le « Noël des enfants des écoles » ou des villages... On apprend ainsi, chaque année, « comment tel comité communal d'action sociale ou tel comité des fêtes » a bien fait les choses, « comme ici à Marchaux dans le haut Doubs » :

Les présents, une quarantaine seulement ont été très gâtés car beaucoup manquaient à l'appel, pour cause de santé à cette saison...

A Orsans les enfants du village étaient rassemblés à la salle de la mairie pour un goûter offert par l'association « Sur le pont ». Encadrés par des mamans, les enfants se sont bien amusés et l'arrivée du Père Noël, la hotte garnie de friandises et de livres a provoqué l'enthousiasme chez le jeune public.

A Sancey-le-Grand : ils étaient plus d'une centaine, tous membres du club du troisième âge, à assister à la petite fête de Noël organisée en leur honneur. Tous ont bien voulu, avant la petite collation, poser pour une photo-souvenir[44].

Tout se termine en effet par une photo-souvenir où la seule différence entre celle des enfants et celle des anciens est la présence ou l'absence du Père Noël.

Le « traitement social » équivalent de deux classes d'âge opposées est pour le moins surprenant. Il ne se comprend qu'au regard d'un troisième groupe social, celui des défavorisés. L'indigent, l'enfant et le vieillard, ces « exilés de la société plénière[45] », sont des équivalents symboliques en cette période. Tous trois expriment en effet un « hors champ » à travers l'âge, la fragilité, l'improductivité. C'est pour cette raison sans doute qu'ils sont regroupés en « tribus » spécifiques, lorsque, isolés, ils échappent au seul espace légitime et légitimant à Noël : la famille.

A l'instar de l'enfant, prétexte au rassemblement familial et à l'installation du décor, le grand-parent est indispensable pour refermer le cercle de famille, à tel point que l'absence d'aïeuls ou l'éloignement géographique amènent certains à solliciter des maisons de retraite pour inviter une « grand-mère » ou un grand-père isolé à leur table, ce soir-là. Janine P., ancienne directrice d'un foyer de la région parisienne, se souvient de ces demandes : « Les familles souhaitaient inviter une grand-mère mais souhaitaient aussi que celle-ci "en échange" raconte des histoires, ou ses Noëls d'enfant. Je me souviens de l'une d'elles qui avait accepté l'invitation et n'avait pas, soi-disant, bien raconté ou pas assez de leur point de vue, et ils étaient déçus. »

Sous cet acte évident de solidarité qui reprend la tradition de la « part du pauvre », de « la part à Dieu », il y a davantage encore que le désir de « faire famille », celui d'avoir à sa table des figurants aïeuls pour que l'enfant assure le dernier passage, l'ultime et le plus fondamental, celui qui lie les générations entre elles.

Si l'image des trois générations réunies semble aujourd'hui ne plus rendre compte de la réalité sociale actuelle (où la quatrième génération est fréquente et les couples souvent séparés), elle correspond cependant à une représentation dominante dans les récits de la fin du XIXe siècle, période qui hante encore l'imaginaire de ceux qui fêtent aujourd'hui Noël « en famille ».

Chapitre VII

FAIRE NOËL EN FAMILLE

> Tous les ans, nous allions les chercher, quelques jours avant Noël, à la gare au train de 4 h 02. Ils avaient pour nous voir, traversé tout le département, chargés de ballots de châtaignes et de victuailles pour Noël, enveloppées dans des serviettes. Dès qu'ils avaient passé tous les deux, emmitouflés, souriants et un peu interdits, le seuil de la maison, nous fermions sur eux toutes les portes, et c'était une grande semaine de plaisir qui commençait.
>
> ALAIN-FOURNIER [1].

> Les réveillons intimes furent ce qu'ils devaient être ; de vraies fêtes de l'amitié entre l'oncle un peu sourd venu de Carpentras et l'aimable Stéphanie qui avait pensé aux huîtres...
>
> *Le Parisien libéré*, 26 décembre 1951.

« Faire Noël en famille » est devenue une expression courante. Dans les années cinquante, Arnold Van Gennep l'attribuait « plutôt aux paysans » pour lesquels, écrivait-il, cette formulation en disait « assez sur ce sentiment de cohésion familiale » [2]. « Faire Noël » indique cependant ce qui nous met au cœur même du rite et de ses « préparatifs », car il s'agit bien ici d'une fabrication, minutieuse, délicate, consciencieuse, qui mobilise les membres de la famille, parfois très longtemps à l'avance. Noël, ce sacrifice annuel sur l'autel domestique, cette exhibition saisonnière des liens, ne va pas de soi, en effet, car le modèle bourgeois de la moitié du XIXe siècle dont on a dit que la fête moderne était l'héritière ne s'accommode pas toujours aisément des rapports familiaux actuels. On conçoit par conséquent que le réveillon « se prépare », car il est l'occasion et le prétexte de mises en scène élaborées qui vont consacrer ces liens mais aussi — aujourd'hui peut-être davantage — masquer ou actualiser les tensions car, « faire Noël en famille », c'est « faire famille » avant tout.

Un hymne à la famille

Depuis plus d'un siècle, cette fête est en effet associée à un temps de repli sur l'espace domestique et nombreux sont les proverbes qui illustrent ce sentiment presque archaïque d'« être entre soi », de faire front contre l'hiver, sa nuit la plus longue, assurés autrefois de réserves de nourriture accumulée pendant toute la bonne saison, dans l'attente d'une renaissance : « Noël près du nid », « Pour Noël chaque brebis à son étable », ou encore, « Pour Noël chacun à sa maison »[3], disent bien ce désir d'être ensemble mais « chacun chez soi ». La chaleur du foyer, celle presque animale des siens retrouvés, est perceptible dans l'extrait cité en exergue, tiré du *Grand Meaulnes*. Les grands-parents ont rejoint leurs enfants, ils ont traversé pour cela tout un département, ont emporté comme provision de quoi tenir une semaine, puis ils ont franchi le seuil de la porte. On peut alors la refermer ainsi que toutes les autres, sur eux.

Le « siège » de Noël qui est celui de chaque famille contre le monde extérieur, contre l'hiver et sa nature improductive, peut alors commencer. Incontestablement, écrit Fr.-A. Isambert, « la tonalité hivernale des fêtes de fin d'année n'est pas étrangère à leur caractère domestique. Face à la discontinuité du calendrier, les fêtes d'hiver assurent la continuité de la vie familiale et d'une manière plus générale des liens sociaux sous leur aspect privé[4] ». Mais qu'en est-il aujourd'hui ? Est-ce que cette scansion du temps, impliquant autrefois tout un cycle alimentaire, est toujours aussi vivement ressentie ou sert-elle simplement de cadre formel à l'expression d'une idéologie familialiste ?

Cet espace-temps ritualisé fut, on s'en souvient, celui que la bourgeoisie urbaine se choisit pour exalter ses vertus et moraliser en supplément les foyers ouvriers, auxquels on appliquait cette éthique du partage, de la fraternité et du respect des liens sur le modèle dickensien.

On comprend que cette idéologie forte du foyer ait

continué à jouer un rôle important, d'autant que la célébration calendaire permettait la reprise cyclique et la répétition inlassable de discours normatifs, et parfois même plus directement la diffusion d'une propagande comme celle de Vichy. Le gouvernement de la France en ces années quarante ne pouvait en effet rester indifférent à cette morale implicite. En la rendant manifeste, il fit de Noël l'occasion et le prétexte d'un véritable culte rendu à la famille[5]. Le 25 décembre 1940, le maréchal Pétain se prenant pour le Père Noël lui-même prononçait ainsi un message sans ambiguïté, un hymne fervent à la famille qui, prenant acte de la tristesse de ceux dont les pères et les fils étaient prisonniers, en profitait pour exalter cette « nuit de l'espérance », cette « fête de la nativité » :

> Mes chers amis ! Il n'est pas encore minuit. Mais déjà, beaucoup d'entre vous veillent, comme ils veillaient au cours des années heureuses. Je viens leur tenir compagnie. Pour la plupart d'entre vous, ce Noël sera triste dans bien des foyers, des places resteront vides, des places d'êtres chers. Beaucoup ne reviendront plus, qui s'asseyaient joyeux, l'année dernière, permissionnaires d'un jour, autour de la table de la famille.

« Personne n'est oublié », commente Gérard Miller, qui cite ces extraits du message de Noël 1940 dans l'ouvrage qu'il consacre au personnage : « Ceux qui souffrent (...) les enfants qui ne trouveront pas de jouets dans leurs souliers (...) ceux qui n'ont ni bûches, ni charbon (...) ceux qui ont entendu jadis parler du réveillon et qui ne savent pas ce qu'ils mangeront demain, les réfugiés qui n'entendront pas cette année la cloche de leur village »[6].

Noël sied particulièrement bien en effet à « l'esprit de clocher » qui sonne la messe de minuit, à la « famille » cette petite patrie[7] des pétainistes, et au « travail » qui permettra d'élever les enfants et de les gâter en proportion de leurs mérites.

La revue du « foyer chrétien », *Joies familiales*, de décembre 1942 présente de la même façon sous le quadruple exergue de Pie XI, Pie XII, Pétain et l'abbé Viollet, une chronique intitulée « Noël, fête de famille » qui rappelle aux lecteurs, sans trop se soucier de l'histoire sociale, qu'« en souvenir de cette première nuit, c'est la coutume, depuis deux mille ans, dans toutes les familles, de se grouper autour des enfants, le Jour de Noël. Pour une fois donc, trêve aux gronderies et aux devoirs. C'est la trêve de l'espérance. Pendant ce jour qui est au cœur de l'hiver, nous éprouvons le besoin de faire halte, de nous recueillir et de penser au printemps ».

L'enfant est salué sans aucune ambiguïté comme l'« enfant roi ». Porté en triomphe comme un héros par ses deux parents dans une gravure qui orne la dernière page de la revue, cette « trinité » peinte dans une posture cruciforme est mise en perspective avec la « sainte famille » et l'enfant comme le divin nouveau-né est chargé de « racheter les fautes des adultes » pour, ici, non plus seulement accéder au royaume des cieux, mais aussi « reconstruire la patrie » :

Place aux enfants, ils sont l'avenir, qu'ils écarquillent les yeux devant les dernières bougies du sapin toujours vert, qu'ils se réchauffent auprès des dernières bûches, qu'ils battent les mains de joie à la vue des pauvres merveilles que nous pouvons encore leur offrir, qu'ils se détendent sans contrainte et que leurs éclats de rire insouciants réchauffent notre propre espérance.

Demain, ils remettront leurs galoches. Ils chargeront à nouveau leur sac d'écoliers sur leurs épaules et ils reprendront, sous la pluie et dans le froid, la route de l'école et de la vie.

Après-demain sans doute, ils commenceront de racheter nos fautes et de reconstruire la patrie [8].

Cette « rhétorique d'Epinal [9] » va sévir longtemps et engendrer toute une imagerie comme celle éditée pour les besoins scolaires dans les années cinquante de « la famille autour du sapin » hissée au rang d'illustration pédagogique, accrochée aux murs des classes primaires de l'école républicaine et reproduite jusqu'en 1973 [10] au même titre que les belles cartes de géographie de la France.

Anecdotique mais fortement symbolique, le pouvoir en place l'utilise depuis longtemps comme faire-valoir politique. En 1900, on a vu que le président Loubet et surtout son épouse avaient institué les premiers « Noëls à l'Elysée » (qui existent toujours), mais bientôt les couples présidentiels se donneront eux-mêmes en spectacle lorsqu'ils offriront aux médias le droit et le soin de photographier et de commenter leur « Noël en famille ». Celui-ci devint un détour obligé des articles de la presse populaire. Le lecteur avait le droit de savoir comment, « souriant, le nouveau chef de l'Etat, René Coty, avait fêté Noël en famille [11] ». C'est devenu, commente un journaliste en 1975, « une tradition pour le chef de l'Etat et le Premier ministre que d'assister à la messe en public et au cours de voyages officiels [12] ». La famille présidentielle donnait l'exemple à l'instar de la reine Victoria en 1840.

Chacun chez soi, et Noël sera bien gardé...

Fête révélatrice d'un certain « état des lieux » de la famille, et pour cette raison moment privilégié de son observation, *a contrario* la famille « dans tous ses états » en dit long sur la résistance de cette fête aux changements et sur son pouvoir régulateur et conformiste [13].

Si Noël fut reconnu par les Français comme « la plus grande fête » de l'année dans un tout premier sondage daté de 1948, c'est défini comme « fête de famille » qu'il arrivera en tête dans tous les sondages effectués ensuite. La presse dans son ensemble [14] va soutenir cette tendance et la commenter, contribuant du même coup à diffuser et imposer ce modèle. A lire journaux et magazines depuis cette époque, on est très vite frappé par la rapidité de l'adhésion qu'il recueille. Dans les années cinquante, les restaurants parisiens et les théâtres étaient encore « pleins à craquer », et si l'on pouvait encore s'amuser du « dernier carré flageolant, pâle à la sortie d'un restaurant, survivant d'un Waterloo pantagruélique [15] », progressivement, les mérites du réveillon

« chez soi » allaient s'imposer[16]. Ainsi, plus d'une décennie après, on pouvait lire : « Des idées pour le réveillon ? Vous attendez pour ce soir-là quelque parent que vous n'avez pas vu depuis longtemps, quelques anciens amis. Le Noël passé chez vous sera une soirée réussie[17] », Noël va désormais connaître une cote d'amour croissante et sans faille, y compris — fait plus étonnant — en ces années post-soixante-huitardes, qui ne le dédaignent pas et le placent encore au premier rang des fêtes préférées.

Déjà attesté en 1970, en 1973, sous le titre « Un oui franc et massif des Français au merveilleux », la Sofres est formelle, claironne *Le Figaro* : « Au grand dam des esprits forts, et autres briseurs de rêves, le Père Noël se porte bien : il enchante encore 83 % des adultes (catholiques compris) et Noël est considéré comme une fête par 96 % des adultes non chrétiens et, chez les catholiques, 65 % la considèrent d'abord comme une fête de famille et une fête de l'enfance, et bien après comme une fête religieuse (39 % de pratiquants). »

L'année suivante, en décembre 1974, le magazine *Marie-Claire* innove en demandant à un autre grand institut de sondage, l'Ifop, de questionner le sens de la fête en général. « Les Français feront la fête, mais quelle fête ? » interroge l'éditorialiste, et de poursuivre : « L'évolution des mœurs, l'effritement des valeurs traditionnelles ont-ils changé l'image que les Français se font de la fête idéale ? Les Noëls sous les sapins, les œufs de Pâques et les dragées de la première communion ont-ils tant perdu leurs attraits ? » La conclusion révélera vite que « les dates de fêtes traditionnelles ont de moins en moins d'importance» ; ils ne sont plus que 18 % à penser que Noël ou Pâques représentent «un jour idéal pour la fête», et encore moins (7 %) à la placer au Premier de l'An (décidément le mal-aimé). En revanche, lorsqu'on demande «quel mot est associé à la fête idéale», la famille arrive encore en tête (pour 27 %, il est vrai), mais semble n'intéresser qu'une toute petite fraction des 18-20 ans, ce qui n'est pas surprenant. Le commentateur de ce sondage inédit fera le constat suivant : «La fête de famille est préférée par 33 % des Français et a lieu à Noël ou à Pâques (qui n'étaient pas différenciés dans la question). Elle réunit les enfants, les parents et les grands-parents. Cette fête attire plus particulièrement les femmes et les personnes âgées.»

Finalement Noël tenait bon, car ce que le sondage révélait sous la forme d'une «désaffection des fêtes traditionnelles» c'est que celle de Noël était déjà devenue, et depuis longtemps, d'abord une «fête de famille» et/ou une «fête des enfants». Désormais, chaque année apportera la confirmation de cette tendance lourde et la renforcera. En 1975 s'affirme avec la crise la nécessité d'un «réveillon fêté dans la joie mais dans une relative intimité» :

> Les économies d'énergie étant hélas toujours de mise, il n'y a pas débauche d'illumination à Paris, ni en province. Le réveillon de Noël, fête de la lumière et des enfants, a été joyeusement célébré en famille. Avant ou après la messe de minuit, enfants et adultes et amis, quand ils nous font le bonheur d'être toujours parmi nous, se sont réunis devant une table où il n'y avait pas que le pain et le sel. Bien des res-

taurants affichaient complet mais il s'agissait de déjeuners de famille où les trois âges étaient représentés [18].

Cette année-là se dessine aussi très nettement une réappropriation de la fête à des fins plus idéologiques. Prétexte à juger l'évolution des mœurs, elle est mise en avant, sur fond de crise et à la fin des Trente Glorieuses, pour dénoncer la « dérive morale ». Commentant le spectacle offert chaque année par Tino Rossi depuis vingt-sept ans qu'il chante *Petit Papa Noël*, le journaliste du *Parisien libéré* du 19 décembre 1975 saisit l'occasion pour fustiger ces « intellectuels en rupture de sociologie qui s'ingénient à détruire le cadre familial avec la complicité du législateur (rappel des lois légalisant l'avortement, autorisant la contraception et facilitant le divorce) ».

Dans les années quatre-vingt et quatre-vingt-dix, les sondages sont immuables ; inlassablement ils plébiscitent « la fête de la famille française, la plus attendue » : « Noël est de loin la fête de fin d'année qui conserve le plus d'importance aux yeux des personnes interrogées. Pour 88 % elle se passera en famille et concerne d'abord les enfants (64 %) [19]. »

En décembre 1996, les chiffres restent d'une stabilité étonnante puisque 84 % l'associent encore à la réunion de famille, selon la Sofres pour *Le Figaro* ; mais il faut noter un nouveau thème qui fait son apparition ou plutôt est en pleine renaissance, celui des « origines ». Le quotidien affirme en effet que Noël est bien « la seule fête populaire qui soit restée intacte jusqu'en ses racines rituelles ».

Enfin, en décembre 1999, toujours selon la Sofres pour *Le Figaro*, pour 80 % le dernier Noël du XXe siècle est toujours et plus que jamais une « fête de famille » ; et pour la première fois les jeunes couples (25-34 ans) s'y révèlent les plus attachés (85 %), dépassant même dans leur enthousiasme les plus âgés (75 % seulement des plus de 65 ans) !

Autre enseignement important de ce dernier sondage : le plaisir d'offrir des cadeaux a beaucoup fléchi sans doute (il n'arrive plus qu'à la moitié, soit 45 %) et cette baisse reflète la « crispation consumériste » de la majorité. Pour 35 %, en effet, Noël est avant tout « une opération commerciale », et pour guère plus de gens (37 %) il est « encore une fête religieuse »[20] !

Bien que ces résultats issus de sources différentes soient sujet à de nombreuses réserves méthodologiques, un fait s'impose avec évidence : Noël est bel et bien devenu en un demi-siècle et pour la majorité des Français une fête familiale plus que religieuse[21], dont les acteurs et défenseurs les plus zélés aujourd'hui sont de jeunes ménages (25-35 ans), plutôt communistes ou écologistes, et plutôt employés ou artisans[22]. Il semble que la famille, ou du moins une certaine idée de celle-ci, ait bénéficié pleinement de cet effet de « déperdition » du sens religieux du rite et de sa « récupération » commerciale conséquente.

La famille, mais laquelle ?

Le familialisme ambiant, d'autant plus fort que la dimension religieuse régresse ou devient pour certains un supplément d'âme, va se heurter de plein fouet à la réalité de la famille contemporaine. Noël en offrant la « version officielle », la « bonne forme » que doivent prendre les relations dans les familles contemporaines dit Fr. de Singly, tendrait néanmoins à masquer les tensions ou les conflits. Pourtant ceux-ci sont souvent le lot des réveillons familiaux[23], d'autant plus que ce moment est attendu comme une trêve. Danièle Thompson, la réalisatrice de *La Bûche* (1999), a parfaitement utilisé ces contradictions dans son film, dont le scénario repose sur le dévoilement de certaines vérités familiales cachées jusque-là.

Si Noël joue comme un révélateur des conflits, des non-dits, il faut admettre qu'il est aussi souvent un filtre, une pause familiale. Chez Isabelle (40 ans, Parisienne, divorcée, trois enfants), Noël était vraiment une trêve :

On fêtait beaucoup Noël quand j'étais gamine. C'était une superbe émotion. On n'était pas du tout religieux. Pour nous c'était la fête du Père Noël. On faisait un sapin, on mettait de belles décorations. Je suis la seconde fille de quatre. Ce que j'aimais c'était cette ambiance, ma mère rentrait tôt. Ça se passait toujours en famille, mes sœurs, mes parents, ma grand-mère paternelle, parfois des cousins. On se serrait la ceinture toute l'année, je ne sais pas comment ma mère se débrouillait à Noël mais elle nous gâtait. C'était un moment de détente quand même car notre univers familial était plutôt tendu le reste de l'année. J'ai un souvenir magique de Noël, cette joie du matin, c'était une trêve, vraiment une détente. Ma grand-mère venait toujours, elle était toute douce, toute gentille, ça calmait l'ambiance...

Dans la famille très soudée de Christiane (70 ans, mère de quatre filles et grand-mère de quinze petits-enfants), Noël est l'occasion attendue de se retrouver tous ensemble. Evelyne, l'une des quatre filles, raconte avec enthousiasme cette parenthèse « merveilleuse » !

On est quatre filles, dispersées dans toute la France. Pour mieux « se retrouver » loin des soucis quotidiens, mes parents louent depuis quelques années dans les Vosges un grand gîte. C'est comme une colonie de vacances : on s'y retrouve à vingt-cinq et c'est génial. L'important c'est qu'on soit tous ensemble, s'il en manquait une ça ne se ferait pas, et heureusement nos maris sont d'accord et il n'y a pas de conflit avec les belles-familles. Le fait que ça ne soit pas chez les parents fait qu'ils sont plus détendus. On n'a pas peur de casser quoi que ce soit. C'est équipé pour une collectivité. Les parents paient toute la nourriture, la location, même si on apporte de notre côté champagne et foie gras. C'est notre cadeau de Noël et l'on préfère cela, à toute autre chose, ça nous donne vraiment des souvenirs ; au programme, balade, grand repas, les hommes épluchent et les enfants mettent la table et débarrassent. Ce sont de vraies vacances sans télé, on joue beaucoup au scrabble, on fait des tarots. L'an dernier papa nous a projeté les films de notre enfance et c'était formidable de se revoir. On commente les photos. Pour nous quatre ce moment nous soude de manière incroyable, on se raconte des histoires de gosses. Une tante (sœur du père) se joint souvent à nous et raconte aux enfants des histoires qui remontent au temps de leurs grands-parents. Le dernier adore ça, il a appris qu'à l'époque le cadeau c'était une orange. Ça le change des épées laser et je trouve bien qu'il entende ça. C'est aussi le moment où l'on règle les arriérés : on met à plat les vieux conflits qui se débloquent, si bien qu'au bout d'une semaine, on se quitte tous en larmes, on n'a pas vraiment envie de partir.

Christiane, la mère et grand-mère « organisatrice », est très heureuse de « voir ses quatre filles se retrouver comme des gamines » :

C'est mon bonheur. C'est vrai qu'on est « très famille ». Quand c'était à la maison, c'était fatigant et maintenant que la dernière est mariée on n'a plus vraiment la place. Pour les enfants cette solution, c'est la liberté totale, ils se retrouvent par tranches d'âge et ils attendent cela avec impatience. En fait on ne les voit pas ils sont toujours entre eux.

A travers le film, mais aussi les photos et les histoires de la tante paternelle, mémoire et transmission sont au cœur de cette réunion de famille exemplaire à plus d'un titre car chacun y occupe bien son « rang ». Noël, c'est une de ses fonctions principales, remet en effet chacun à sa place mais cette « trêve » permet aussi de « rajeunir », de revivre des rôles anciens, comme Christiane (la grand-mère) qui redevient « la mère de tous » à cette occasion :

Il faut dire qu'on rit beaucoup. C'est pour nous des moments inoubliables, c'est incroyable ce qu'on a l'esprit de famille et tous nos amis nous envient pour cela, raconte

Christiane. Mes gendres m'ont même entraînée à faire de la luge. A soixante-dix ans, je riais comme une gamine et les petites m'appelaient « mamie turbo ».

C'est aussi le moment où je retrouve ma vie de mère : les bruits, la cavalcade. C'est toujours moi qui fais la cuisine ; pour chacun de mes gendres, son plat préféré : le paleron, ou la poule en sauce de la mamie, ils y tiennent. Chacun met la main à la pâte. Quand je rentre à la maison après chaque Noël, on n'entend plus rien et je mets deux jours à m'en remettre... Les enfants aussi d'ailleurs...

Cette famille fournit presque le « type idéal » du « Noël en famille » tel qu'il fut inventé, mythifié, espéré. De ce long entretien, un fait est encore intéressant à relever : la joie des enfants, l'objectif avoué des parents, faite de la liberté qui leur est donnée de se retrouver tous ensemble et de faire ce qu'ils veulent. Beaucoup organisent le réveillon autour de cette liberté enfantine ; celle de choisir son plat préféré est particulièrement prisée.

Claire (38 ans), qui reste avec ses trois enfants (11 ans, 8 ans, 5 ans) et son mari le 24 décembre à Paris, avant d'aller à Lyon dans sa belle-famille, insiste sur cet aspect :

On ne fait pas un repas traditionnel, tout le monde mange ce qu'il a envie de manger ; un tas de petites choses, on fait un petit buffet, on ne s'assoit pas, chaque enfant choisit ce qu'il aime, ils aiment bien le saumon et le tarama à Noël, c'est devenu leur tradition. Ils se lèvent, ils regardent les dessins animés qui sont toujours programmés pour eux ce soir-là. On met un peu de musique, on danse. Moi je fais toujours ma bûche aux marrons-chocolat. Les enfants la décorent tellement qu'on ne la voit plus. C'est comme le sapin, ils mettent tout et comme chaque année je rachète deux, trois babioles, on finit par le « deviner » tellement il est chargé. En deux minutes, c'est le « carnage ». Les enfants n'ont pas ouvert les boîtes, ils ont enlevé les emballages pour savoir ce qui leur a été offert. Il y en a partout, et ensuite ils passent un autre moment à ouvrir et un troisième enfin à jouer, mais à tout en même temps.

Nelly passe, elle aussi, une partie de la soirée « dans les bolducs car l'ouverture des cadeaux se fait avant le repas ». Evidemment, ajoute-t-elle, chaque année on assiste aux menus drames de Noël : pièce de Lego perdue, pile introuvable et jouet qui ne fonctionne pas.

Un rituel stable

Passer Noël en famille est un rituel qui connaît finalement assez peu de déclinaisons. Il commence par le choix du sapin qui marque vraiment le début des festivités. Aujourd'hui le calendrier comme la couronne de l'Avent se sont répandus et certaines mères de famille les utilisent (et souvent les fabriquent elles-mêmes), moins comme tradition que pour faire patienter leur progéniture. Mais l'installation du sapin, surtout sa décoration, est de loin l'acte d'ouverture le plus symbolique qui sert aussi à marquer rituellement l'espace de l'échange, bien avant qu'il n'ait lieu. L'« arbre de Noël » est aujourd'hui entré dans toutes les maisons avec enfants, beaucoup plus rarement là où il n'y en a pas ou pas encore[24].

Nelly (40 ans, quatre enfants, Paris) se souvient qu'avant son premier-né, elle décorait « quand même » une plante verte mais jamais un sapin. D'ailleurs, ajoute-t-elle comme pour faire le lien, « celui-ci est désormais toujours installé dans le parc en bois qui, lui, n'a jamais servi à contrôler la sécurité des enfants lorsqu'ils savaient à peine marcher mais bel et bien à ranger les jouets et à mettre le sapin ».

La crèche, en dehors des milieux catholiques, est devenue elle aussi un élément du décor. Beaucoup estiment, sans être pratiquants ni d'ailleurs croyants, qu'elle est un élément essentiel du rituel et que les enfants sont en « droit de connaître sa signification ». Détail amusant, la statuette de l'Enfant Jésus, fixée définitivement au fond de son berceau dans les crèches préfabriquées, n'est enlevée que dans les familles catholiques pour réapparaître comme il se doit le 24 décembre à minuit. Chez les laïques, il est là d'emblée[25], dès le début de décembre en même temps que le sapin qui, lui aussi, vient très tôt grâce aux nouvelles espèces du type *nordman* qui conservent leurs aiguilles indéfiniment.

La deuxième séquence du rituel correspond au dîner (parfois devancé par la troisième déjà traitée, la distribution des cadeaux lorsque la famille compte de nombreux enfants en bas âge). Le dîner rassemble en France une dizaine de personnes en moyenne autour d'une table toujours décorée avec soin. Ce chiffre ne manque pas d'intérêt, car il correspond exactement au double de ceux qui sont considérés comme « proches » (5,5) par un individu adulte, même si celui-ci bénéficie d'un réseau de parenté important (estimé à 45 personnes). En outre on sait aussi que ces cinq personnes qui forment le premier cercle sont presque exclusivement choisies dans la famille restreinte (parents, frères, sœurs [26]).

La réunion de famille à Noël élargit donc notablement cette « parenté relationnelle » et « sentimentale » [27] qui se compose des deux conjoints, de leurs enfants et des couples de leurs parents. Cette extension implique en général les belles-sœurs, beaux-frères, oncles et tantes, et quelques parrains et marraines, en somme, les collatéraux et les « parents spirituels ».

Le repas de famille : une cène domestique immuable

Le dîner de réveillon offre du point de vue de sa composition culinaire une très grande uniformité. Par ordre d'importance, on trouve sur des tables urbaines mais aussi rurales [28] : le saumon fumé, les huîtres, la dinde (légèrement concurrencée ces dernières années par le chapon), le foie gras, la bûche, le champagne et surtout beaucoup, beaucoup de chocolat. Tous ces mets sont depuis longtemps considérés comme les plus représentatifs de la fête et du luxe qu'elle implique. Ils ne lassent encore personne malgré les assauts répétés d'une certaine presse féminine qui propose des dîners à « thèmes » régionaux ou étrangers (scandinaves, anglais, américains, russes), en prenant soin d'indiquer l'adresse des boutiques où trouver toutes ces saveurs de terroir ou « d'ailleurs ».

Ce conformisme apparent ne reflète du reste pas seulement une standardisation des mœurs festives, mais une fidélité certaine à un modèle de repas de fête qui en un siècle est devenu « traditionnel », une soumission bon enfant à la « coutume ». Avec quelle conviction, en effet, de nombreuses mères de famille et grand-mères affirment qu'elles feront bien sûr leur « bûche », celle que les enfants aiment tant et dont elles ne sont pas avares de transmettre la recette à leurs amies. Chaque famille tient à réaliser au moins un mets, c'est nécessaire et suffisant pour que la « tradition du repas » soit respectée.

Ainsi Françoise qui passe Noël avec ses deux filles une fois sur deux chez sa mère à Chartres, une fois sur deux chez elle à Paris tient à cette constante : « La dinde ? non pas trop. On est plutôt foie gras, magret, saumon. Mais une chose reste invariable, la bûche aux marrons. Nous on n'est pas trop gâteau commercial. » Isabelle est elle aussi fidèle à la bûche mais, à l'inverse, elle tient chaque année à l'acheter chez un pâtissier parisien de renom ; c'est un luxe qu'elle s'offre, une « tradition » empruntée à sa mère, « il y a plus de vingt ans que ça dure ». Chez Jeanne et Louis, on fabrique « en famille » les fameux fruits déguisés : « Mon fils met la main à la pâte, c'est le cas de le dire, il adore ça, ça prépare quelque chose », dit Jeanne.

Chacun bricole, mais ne transforme pas radicalement. On rend hommage d'une certaine façon à la tradition, par un effort consenti, par une habitude réitérée, à tel point qu'elle devient une coutume familiale. Petits emprunts, modestes détournements, forment ces variations infimes et infinies sur le thème qui confirme que le repas reste « traditionnel ».

Et depuis le début du siècle, la presse accompagne et soutient les familles dans ce que tous appellent « la réussite du réveillon », donnant des conseils de décoration, de menu, pour lequel trois ou quatre idées sont toujours proposées, en fonction du budget, critère essentiel pour un journal qui se veut populaire.

Le 24 décembre 1920, *Le Petit Parisien* alléchait déjà les lecteurs en décrivant les menus des restaurants « chics » de la capitale : « Le réveillon sera joyeux, mais il sera cher », et suivait un inventaire des cartes affichées : marennes, consommé, homard ou langouste, boudin blanc, dinde, pâté de foie gras, bûche de Noël ou bombe glacée. Puis par un retour brutal à une réalité sociale plus proche de son lectorat, il détaillait des menus plus « adaptés » : potage, bisque, andouillette, boudin blanc et noir, pommes frites, fromage, banane ou orange. Faute de manger « comme les gens riches », il fallait « manger riche ». Le repas devait « tenir au corps ». Il a rempli cette mission pendant longtemps.

Lorsqu'on découvre en 1964, par exemple, ce qui est encore proposé, on peut aujourd'hui s'étonner de « la solidité des estomacs » (c'était d'ailleurs le titre qui « surplombait » ce menu) qui avalaient dans la même soirée : huîtres, foie gras, homard thermidor, salade, fromages, gigue de chevreuil, vacherin ! On peut aussi être surpris de la « fausse modestie » du réveillon qui, voulant « ménager les budgets », proposait pour huit convives : « six douzaines de portugaises suivies de la dinde aux marrons et d'un pudding (dont ce journal, on l'a vu, a été un des premiers à donner la recette).

Fait symptomatique, les périodes de crise en France n'ont jamais affecté le budget consacré au dîner de réveillon. Bien qu'en 1976 les Français « furent obligés de serrer les cordons de la bourse au moment des cadeaux », écrit Alain Duhamel dans son commentaire de l'enquête Sofres :

> Ils n'ont guère envie de lésiner sur les repas de fêtes... Un ménage sur trois fera des économies là-dessus : déjeuner de Noël ou réveillon. On peut, ajoutait-il avec humour, y trouver au choix le goût de la tradition ou l'influence de la culture gastronomique française. En France, manifestement, on ne fête pas bien si l'on mange mal. Mais malgré ces réserves involontaires, Noël sera heureusement accueilli avec plaisir[29].

Cependant la fin du siècle s'est trouvé d'autres préoccupations, celle de la « tradition » remise au goût du jour, et celle non moins efficace de la diététique et de l'hygiène de vie. Quelques exemples de propositions culinaires qui se veulent « audacieuses », « originales », « transculturelles », à travers la presse, féminine notamment, illustrent la première tendance, laquelle en réalité ne semble guère suivie par la majorité si l'on en croit sondages et entretiens. « Trois menus de choix où une pointe d'audace vient relever la tradition », propose *Prima*, fin décembre 1998. « Sucrée, salée, la bûche relookée », claironne la première page de *Top famille*, pendant que Jean-Pierre Coffe, célèbre critique gastronomique, imagine un réveillon douze étoiles (celles bien sûr des traditions de l'Europe des Douze).

Signe des temps, le courant diétético-hygiéniste anime aujourd'hui ces mêmes journaux qui vantaient les plaisirs de faire bombance dans les années soixante... La « mise en garde contre les excès » et les expertises des médecins nutritionnistes sont désormais le doublet inévitable des repas de fête : « Comment y résister », titre avec austérité en première page *Le Parisien* du 24 décembre 1998. Le repas idéal « est celui qui fait plaisir mais reste équilibré sans faire de mal ». C'est le Dr Fricker, nutritionniste à l'hôpital Bichat, qui commente le repas de réveillon autorisé et non plus quelque chef réputé.

Rassurés, on retrouve les huîtres et le saumon, mais pour des raisons « de richesse en protéines » ; on peut d'ailleurs « les déguster avec du pain de seigle qui contient des fibres... en sachant que les graisses oméga 3 du saumon sont bonnes pour la peau, les artères et la mémoire » ! Pour le plat principal, la dinde aux marrons a tout de même été épargnée, mais uniquement « parce qu'elle est pauvre en graisse et riche en protéines ». Quant à la bûche à laquelle, on vient de le voir, les familles aiment tant sacrifier, elle est impitoyablement condamnée, « alléchante mais trop grasse, pas idéale pour la ligne et la digestion, contentez-vous d'un sorbet ou d'une salade de fruits ». Le verdict tellement attendu est enfin tombé sur... le dessert, c'est-à-dire sur celui qui portait encore en lui le symbolisme le plus ancien, la bûche de Noël, le feu qui renaît au cœur de la nuit. A l'aube du troisième millénaire, il faudra se contenter des froidures givrées du sorbet...

Et si malgré tout le consommateur était prêt à flancher, la colonne de gauche fait l'inventaire des « petites précautions pour préparer l'organisme », boire beaucoup d'eau avant le repas, faire une petite sieste l'après-midi, et pourquoi pas une cuillerée d'huile d'olive ou une cure préventive de bardane ou d'aigremoine pour parer aux nausées du lendemain.

La fête de famille a pris soudainement des allures d'épreuve sportive, à laquelle il faut se préparer avec sérieux, s'entraîner. Les mères de famille vont être les cibles privilégiées de ces programmes festifs qui se confondent désormais avec celui des centres de « remise en forme ». C'est à elles que s'adressent les recommandations qui assurent un « réveillon réussi », des idées faciles pour un « Noël parfait »...

La mère de famille, première mobilisée sur le front de Noël

A lire les sondages, les articles de presse et les nombreux entretiens, le membre de la famille le plus sollicité et le plus mobilisé sur le front de Noël est en effet une femme, plus précisément une mère de famille, de deux ou trois enfants, et qui a la chance d'avoir des parents, des grands-parents, des beaux-parents et des sœurs, des beaux-frères, bref, une famille assez classique. Pour cette mère-là, Noël est une réelle mise à l'épreuve de ses compétences car, à cette période précise, elle joue tous les rôles à la fois : comptable, cuisinière, bricoleuse, décoratrice, parfois, encore, acheteuse, conteuse, dame patronnesse, emballeuse de cadeaux, gardienne des secrets et faiseuse de mystères, diplomate et stratège. Elle doit, en outre ce soir-là, être belle, souriante, calme et sereine...

Il n'est donc pas surprenant de découvrir de nombreux articles recensant les tâches diverses auxquelles elle est confrontée au cours de ce cycle faste, proposant toutes sortes de solutions pratiques et miraculeuses pour finalement atteindre à cette victoire promise et tant attendue : la réussite du réveillon.

Déjà on s'en souvient, au milieu du XIXe siècle, Mme Cratchit faisait des efforts surhumains pour réussir un pudding digne de son nom sans dépenser le moindre shilling. Et Mme March, mère des quatre filles célèbres, réussira — malgré les restrictions imposées par la guerre dans laquelle le Dr March s'est engagé comme aumônier — à glisser une bible de couleur différente sous chacun des quatre oreillers [30] :

> « Nous nous trouvions au fond de l'abîme du Désespoir et mère est venue nous en sortir, tel Bonsecours dans le livre. Ce serait bien si nous avions comme chrétiens un rouleau d'instructions. Que pourrions-nous faire pour arranger ça ? demanda Jo ravie d'apporter un peu de fantaisie à cette tâche fastidieuse que représentait à ses yeux le devoir à accomplir.
>
> — Regardez sous vos oreillers demain matin et vous trouverez votre guide », répondit Mme March [31].

Les mères modernes n'ont rien à envier à ces héroïnes romanesques. Si les années soixante lui proposaient enfin le beau rôle de la « femme heureuse, brillante, éblouissante » qui devenait la « vedette du réveillon » ; si en décembre 1967, l'éditorial de *Marie-Claire* la faisait encore passer « devant » l'enfant avec un brin d'ironie à l'égard de la famille et du corps enseignant :

> Pendant qu'on sacrifie la dinde stupide, mais tendre à l'unité familiale, l'enfant spartiate cache un vison sous son pull-over de laine pour l'offrir à sa maman. Un peu partout, de graves professeurs se déconsidèrent en public aux yeux de leurs meilleurs élèves. Ils portent des chapeaux pointus, sablent le champagne et soufflent dans des mirlitons ;

un an plus tard, Mai 68 a eu lieu et l'éditorial ne mentionne plus du tout la fête. A la rubrique « couple », on posait seulement la question des « Mères, Pères Noël toute l'année ? » L'époque était féministe et pressentait bien le danger. Les années soixante-dix (jusqu'en 1975) leur proposaient encore quelques répits au cours desquels elles pouvaient « faire un achat minime... Cette robe en jersey soyeux par exemple, pour se sentir détendue », mais il est néanmoins rappelé à la mère de famille qu'« elle fête surtout pour faire plaisir aux siens »[32].

Dans les années quatre-vingt, elles tombèrent selon l'expression d'Alain Ehrenberg[33] dans le « culte de la performance » et Noël devint une épreuve à réussir. A en croire la grande presse, il l'est toujours.

Les éditorialistes l'ont bien compris, aujourd'hui les préparatifs de Noël ne correspondent plus à cette lente progression vers la merveilleuse, l'étrange nuit où il fallait compter avec les fantômes, les esprits, mais aussi les prodiges. Préparer Noël aujourd'hui déclenche un compte à rebours où chaque minute sera décisive. « J. moins trente » titre le magazine *Avantages* en décembre 1997 ; sous-titre : « Cette année, je ne m'énerve pas ». L'illustration est éloquente, une mère courbée en position d'athlète, pour une course imaginaire, attend le signal du départ, devant un sapin déjà bien alourdi. Suit le commentaire : « On le sait, il n'y a pas de Noël réussi sans petites galères et grandes colères. Sans épuisement et sans énervement, sans négociations et sans tractations... qui, une fois dépassés, font d'inoubliables souvenirs, mais cette année, on ne s'y laissera pas prendre : promis, juré ! »

« Des idées faciles pour un Noël réussi » est le pari proposé par *Modes et Travaux* de décembre 1998. « Pas de panique », conseille-t-on aux mères de famille, et de faire l'inventaire d'une série de solutions à tous les problèmes :

> Comment accueillir ce jour-là ? au cours duquel elle n'a pas « droit à l'erreur », faut-il faire asseoir mamie à la place d'honneur ? ou à côté de papy ? tout dépend. Les cadeaux d'assiettes sont-ils utiles ? Là non plus, répond la journaliste, rien d'obligatoire, mais c'est une excellente façon d'animer la conversation (qui risque en famille de tomber à tous moments) et puis « c'est idéal pour neutraliser d'éventuelles tensions ».

Suivent, à nouveau, les conseils de remise en forme dont on comprend qu'ils sont devenus nécessaires :

Si vous avez travaillé d'arrache-pied depuis la veille pour les préparatifs, la première des courtoisies est de recevoir chacun avec le sourire et en pleine forme. Pour être sereine au moment où « ils » arriveront, lâchez tout à 19 heures, ouvrez grand les fenêtres, prenez une douche rapide, massez-vous le cuir chevelu, installez-vous cinq minutes sur votre lit les pieds posés sur le mur ou la tête de lit.

Norman Rockwell fut peut-être l'un des premiers à avoir compris le rôle épuisant que la mère de famille joue à Noël. Sur une des très nombreuses couvertures qu'il réalisa pour le *Saturday Evening Post*, celle du 27 décembre 1947, on découvre une jeune mère de famille à demi effondrée, épuisée, le dos contre le mur de la chambre des enfants, jonchée de jouets. Le peintre l'a saisie au moment où, encore en bigoudis, elle essaie de noter sur un agenda la série de tâches qu'il lui reste à effectuer avant la date fatidique. Un carton envoyé sans doute par un grand magasin et annonçant son ouverture lors de *Christmas Eve*, punaisé au-dessus de sa tête, tout de travers, semble la rappeler à la dure réalité. Les femmes américaines ont été précocement exposées à ce que Rockwell a illustré sous le titre : « L'hystérie de fin d'année » ; les Françaises les ont suivies à quelques décennies près.

« Refaire » famille à Noël

Aujourd'hui, la famille résiste à tout, déclare Irène Théry et même à la séparation. L'« indissolubilité du couple parental » après le divorce est un modèle qui tend à s'imposer, au moins dans la sphère publique[34]. Du côté privé, Noël est un révélateur efficace de ce paradoxe, puisque aujourd'hui en France « plus d'un couple sur cinq se reformera pour passer Noël en famille » (1997). Pour les autres, c'est la mère qui sera le plus souvent près des enfants ce soir-là (54 %). Les pères seuls ne seront que 14 % à les garder près d'eux, à cette occasion, mais les commanditaires du sondage précisent que ce chiffre est en nette progression.

« Refaire » famille pour la circonstance est donc une pratique qui n'est pas restée confidentielle, mais peut parfois là aussi prendre des allures de « marathon » burlesque. Sous le titre « Les six Noëls d'Emmanuel », *Le Nouvel Observateur* du 5 décembre 1996 narrait les aventures tragi-comiques de ce que l'auteur nommait par dérision un « multifamilial » de quarante ans, c'est-à-dire un père de deux enfants, séparé et vivant maintenant avec sa nouvelle « compagne », plus jeune de dix ans et sans enfants. « Le traquenard bénin était devenu une embuscade », écrit Olivier Péretié, d'autant plus que les grands-parents maternels « étaient épris de traditions » ; il ajoutait : « le divorce c'est facile, Noël c'est compliqué ». A la fin du récit drolatique on apprend qu'Emmanuel est à nouveau père de jumeaux, et est obligé de célébrer « six fois Noël en 24 heures ».

Plus banalement et sans doute aussi plus proche de la réalité, les couples séparés choisissent souvent l'alternance ; les enfants vont fêter Noël, une année sur deux, chez l'un ou chez l'autre. Pour le parent solitaire, des stratégies souvent compensatoires sont chaque année à réinventer.

Isabelle (40 ans, divorcée, Parisienne) n'aura pas ses trois enfants cette année (12 ans, 7 ans, 5 ans). Elle sait qu'elle doit trouver une solution :

Mes sœurs m'ont invitée mais moi je cours pas après un plan Noël mais je ne suis pas du genre à dire je m'en fiche, et que j'aille au cinéma j'aurais vraiment l'impression de faire un truc qui ne me convient pas. Cette année, j'ai compensé en décorant la maison, je trouve que le quartier manque de lumière. La première fois que je me suis retrouvée avec les enfants sans leur père, ils ont tous ouvert leurs cadeaux et mon fils m'a dit : Le Père Noël t'a oubliée ? car avec mon mari on se gâtait beaucoup, autant que les enfants. J'ai répondu que j'avais rien demandé cette année-là ; j'étais très émue, j'ai failli pleurer.

Inès (38 ans, divorcée, un enfant de 10 ans) se souvient qu'après avoir passé un réveillon dans sa belle-famille, et laissé son fils vers vingt-trois heures chez son ex-mari, elle se retrouva tellement déprimée qu'elle — qui n'avait pas été élevée dans la religion catholique — s'arrêta au hasard devant une église située à une porte de Paris. Beaucoup de familles portugaises s'y étaient retrouvées : « Je suis rentrée pour me sentir moins seule. Alors que je ne vais jamais à la messe de minuit, de voir ces hommes et ces femmes, recueillis ensemble, ça m'a fait quelque chose... »

La religiosité ambiante se substitue en effet parfois au manque de famille. Nombreux sont ceux qui vont « faire un tour » autour de la crèche géante, qui tous les ans orne la place de l'Hôtel-de-Ville, pour pallier l'absence de réveillon familial.

Plus joyeusement, Martine (48 ans, médecin psychiatre en province, divorcée, un fils) évoque l'époque de son internat où, déjà séparée du père de son fils, elle aimait être de garde à l'hôpital :

> Mon fils était bébé, j'avais un petit appartement. J'ai passé des tas de Noëls là-bas. J'aimais bien prendre les gardes. Cela me permettait d'inviter du monde. J'adorais ça. J'allais à la messe de minuit. L'aumônier qui est un type formidable faisait une messe de minuit pour les malades dans la chapelle de l'hôpital. Moi j'y allais, une de mes amies venait toujours me rejoindre. Les gens de la paroisse, ça ne les gênait pas du tout. Le directeur de l'hôpital, qui était musulman, venait avec toute sa famille ainsi que le vieux médecin du village, lui, bien catholique avec ses huit enfants. C'était une veillée joyeuse, très débridée. Il n'y avait pas vraiment de messe, mais une veillée à thème, les enfants se promenaient, il y avait toujours un malade qui interrompait l'aumônier en racontant qu'il avait participé à la décoration. Moi j'y allais chaque année, c'était « traditionnel ».

Martine qui « adore » Noël et ne manque pas d'imagination a toujours été attentive à ritualiser ce moment, même lorsque seule avec son fils dans une petite ville de province, elle ne faisait pas de réveillon familial :

> Je n'allais pas réveillonner chez mes ex-beaux-parents, j'aurais pu, mais ça m'ennuyait. En revanche je m'étais créé un « petit rituel », on allait au cinéma avec le père de mon fils. On allait à la séance de vingt heures, c'était pas banal pour un enfant petit qui n'y allait jamais le soir. Ensuite on se promenait en ville pour voir les vitrines et les illumina-

tions. Après on rentrait, j'avais acheté des petites choses délicieuses, on donnait les cadeaux, et après une coupe de champagne je mettais le père à la porte, avoue-t-elle dans un grand éclat de rire.

Il faut en effet beaucoup de fantaisie et pas mal d'humour, pour faire Noël sans « faire famille ». Geneviève Brisac[35] a mis cet « inconfort » en scène, avec finesse et tendresse, dans un roman qui raconte les aventures d'une mère et de son fils à Paris, au cours du week-end de Noël. Ici plus de « marathon », de courses contre la montre. Il faut au contraire remplir ce temps tellement vacant d'une fête de famille « monoparentale » !

« Qu'est-ce qu'on fait ensuite, a demandé Eugénio, tu n'as pas oublié que ce soir c'est Noël, qu'on a pas encore de sapin, et rien comme décoration dans la maison. Et puis, je n'ai pas envie de m'embêter toute la journée, il faut que tu trouves quelque chose d'inoubliable, comme tu sais le faire quand tu veux... »

J'ai dit qu'on allait chez un fleuriste, ce qui est un bon début pour acquérir un sapin. « Ensuite on verra, je t'emmènerai faire les courses au Bon Marché, ils ont une épicerie de luxe, sûrement des tas de trucs de Noël très marrants à manger, de la nourriture africaine, et c'est ouvert le dimanche » ; Eugénio a bougonné que je m'en tirerais pas comme ça...

Difficile en effet d'échapper à la nostalgie d'une certaine idée de la famille idéalisée ce soir-là, qui ressemble à celle qu'on montre aux enfants sages et avec laquelle tout le monde se mesure, s'étalonne et compose plus ou moins. On comprend que beaucoup soient vraiment heureux et soulagés que « ça se termine ». Pour ceux-là le vrai moment de bonheur, c'est de se retrouver comme Pierre avec ses petits-enfants enfin comblés, le lendemain lorsque Noël est enfin passé, et que la vie a repris une allure plus quotidienne.

Et puis les adultes vont enfin pouvoir penser à eux, lors de la prochaine échéance festive, celle du réveillon du Nouvel An dont la tonalité amicale fera oublier, le temps d'un cotillon, le « devoir-être » en famille.

Chapitre VIII

NOSTALGIE, TOURISME ET PATRIMOINE...

Il y a des gens qui vous diront que Noël n'est plus pour eux ce qu'il était jadis, que chaque Noël qui a passé a vu s'estomper ou s'évanouir quelque espoir caressé (...) Ne choisissez pas le plus joyeux des trois cent soixante-cinq jours pour vos attristantes réminiscences, amis rapprochez votre fauteuil du feu qui flamboie, remplissez votre verre, entonnez la chanson à la ronde.

CHARLES DICKENS,
Sketches for Boz (1836).

C'était une foule de touristes, en grappes multicolores, qui se pressaient dans les allées du marché. Certains avaient acheté pour vingt ou trente francs, un bonnet rouge de Père Noël qu'ils arboraient fièrement. Tout cela dégageait une impression de joie contenue, atténuée par l'odeur des marchandises et la musique perceptible des tiroirs-caisses.

KLAUS WEIHNACHT
Rififi au marché de Noël (1997).

A Noël, la nostalgie est toujours ce qu'elle a été, et peut-être l'est-elle encore davantage en ce début du troisième millénaire où le sentiment de « perte » de traditions, leitmotiv de notre modernité, sied particulièrement bien à une fête comme celle-ci.

Il en va ainsi du discours sur Noël comme de celui sur « le temps qu'il fait », que Martin de la Soudière a habilement analysé dans un ouvrage récent [1] : « Il n'y a plus de saison » est un fragment de discours sur la perte d'un âge d'or météorologique, comme celui qui entoure Noël l'est d'un âge d'or de la tradition. Temps calendaire cyclique d'un côté, temps quotidien de l'autre, leur réminiscence ne va jamais sans regrets, ni frustrations. Les Noëls étaient plus « authentiques » autrefois, comme l'été était plus chaud et l'hiver plus enneigé. Ces stéréotypes s'inscrivent dans une rhétorique nostalgique qui n'est pas nouvelle ; sorte de marronnier, elle reparaît à date fixe chez les défenseurs de l'« authenticité ».

Si Charles Dickens en Angleterre ou Washington Irving aux Etats-Unis sont toujours les références idéales d'un certain « esprit de Noël », on a vu que ces auteurs eux-mêmes et leurs contemporains étaient déjà à la recherche d'un Noël plus « authentique » qu'ils pensaient découvrir dans le passé. Ainsi Charles Dickens constatait-il déjà dans *Sketches for Boz* cité en exergue que, pour certaines personnes, Noël n'était plus ce qu'il avait été jadis. Mais que cette « nostalgie des origines » se fasse plus pressante aujourd'hui est un fait à interroger.

Au lendemain de la Seconde Guerre mondiale, et en dépit de notations sociales qui attirent l'attention sur les exclus de la prospérité, on a vu que les regards étaient tous tournés vers l'Amérique. Les chiffres d'affaires des grands magasins sont évoqués dans les colonnes des journaux, qui aiment décrire l'ambiance qui règne ces jours-là chez Macy's ou Gimbel's à New York[2]. L'époque est à « l'oubli des drames et des tragédies », et Noël reste la grande « fête de l'Espérance » ; mais, ajoute l'éditorialiste de ce mois de décembre 1956, « même la plus traditionnelle des fêtes évolue ; son cérémonial se simplifie ». Nulle allusion évidente à cette époque à « l'authenticité » de nos coutumes, il faut au contraire les moderniser. Dans cette évolution souhaitée, l'Amérique reste encore un référent idéal.

Les années soixante et soixante-dix sont marquées par une sorte de « déperdition rituelle[3] ». En 1971, le mot « tradition » apparaît pour la première fois (depuis 1937) dans le sommaire de décembre du magazine *Marie-Claire*, mais pour être « rajeuni » : il s'agit alors seulement de cuisine ! Et, en 1974, lors du fameux sondage, cité précédemment, pour affirmer que les Français se « désintéressaient des fêtes traditionnelles » !

Les années quatre-vingt et surtout quatre-vingt-dix vont radicalement inverser cette tendance. Mémoire, histoire, mythologie, comparaisons culturelles, sont des thèmes prioritaires. La légende, l'émerveillement, a fait place à la culture savante, à la dramatique sociale, à la folklorisation commerciale. On repère cette tendance chez les ethnologues eux-mêmes, qui préoccupés par « les faits religieux en Europe » sont conduits à mettre au jour « l'archaïque qui est en nous et dans nos sociétés modernes... cet archaïque qu'aucune modernité ou post-modernité ne pourra jamais faire disparaître ». De même « la mémoire comme acte constitutif des religions » est une question que se posent aujourd'hui les sociologues[4].

La culture savante se diffuse par médias interposés. *Le Nouvel Observateur* du 5 au 11 décembre 1996 donne le ton pour un public cultivé. L'historien André Burguière[5], qui dit s'être beaucoup inspiré de l'article de Claude Lévi-Strauss, affirme qu'après « des siècles d'endoctrinement chrétien » on vit aujourd'hui avec Noël « le retour des Saturnales » ; les raisons en sont « le recyclage incessant de nos gestes qui nous fait puiser dans un arsenal de plus en plus lointain historiquement et géographiquement ». L'explication structuraliste érudite est passée dans le grand public cultivé, ce qui est méritoire ; de plus elle jouit d'une qualité essentielle aujourd'hui : elle rassure en donnant du sens. Les tyrannies de la marchandise sont, semble-t-il, notre tribut moderne à payer pour que la lumière revienne, pour que nous retrouvions le sens profond de rituels qui nous renvoient au Moyen Age, et pourquoi pas à l'Antiquité romaine. Il n'y a plus alors à considérer la fête contemporaine comme la déviation d'un rite « primitif » mais au contraire comme la redécouverte — par structure interposée — de sa « vraie » signification. Les exemples sont nombreux, même s'ils n'ont aucunement la prétention de fournir une analyse anthropologique aussi précise. Une approche moins érudite mais tout aussi signifiante peut être de se livrer à quelques citations. Ainsi pour *Géo* de décembre 1994, « toute la planète se prépare à célébrer Noël : des rites païens liés au soleil à l'invention du Père Noël, du sapin symbole de l'arbre de vie aux Rois mages, *Géo* remonte aux origines de la tradition » ; *Rustica* du 23 décembre 1995 : « Douce et étrange nuit que celle de Noël pleine de symboles et de traditions. Depuis l'Antiquité, à l'époque du solstice, il était de coutume d'offrir des présents » ; *Libération* du 20 décembre 1994 : « Cette oscillation permanente entre paganisme et christianisme fait la féerie de Noël » ; *L'Humanité dimanche*, à propos du sapin : « Dès la plus haute Antiquité, le culte de l'arbre est présent dans toutes les religions, dans tous les pays » ; *Le Figaro magazine* de décembre 1997 : « Le 25 décembre, à minuit, les païens fêtaient Mithra et la renaissance du soleil ». Enfin terminons sur ce titre « clin d'œil » du magazine *Marianne* daté du 22 au 28 décembre 1997 : « Noël en France ; les traditions font de la résistance ».

Du côté des « beaux » livres, même constat : Catherine Lepagnol[6], en 1979, avait déjà pressenti dès le début de son travail la demande insondable d'un public soucieux de repères : « La nostalgie des origines est telle en nous qu'elle pourrait nous entraîner jusqu'à la fin de nos jours à rechercher en vain les sources de l'humanité et tel n'était pas mon propos. » Malgré cette réserve de départ, l'étude qu'elle consacre aux *Biographies du Père Noël* reste une tentative d'épuisement du sujet assez encyclopédique.

Plus récemment, Earl W. Count, anthropologue américain et pasteur de l'Eglise épiscopale (Eglise à laquelle appartenait déjà Cl. Moore), et son épouse Alice Lawson Count, en publiant en 1997 une histoire de Noël [7] en petit format pour le grand public illustrent bien cette nouvelle tendance. Dans leur présentation, ils expliquent que « la fête de Noël est une tradition exceptionnelle dans l'histoire de l'humanité. Depuis plus de quatre mille ans, elle se propage sur terre, suscite fidélité et dévotion de millions de personnes et se magnifie à mesure de l'accomplissement de l'homme ». Et ce petit livre fort bien fait de déployer, en quatre-vingt-dix pages, les quatre millénaires d'une histoire qui s'adosse à « la fête babylonienne de Marduk... puis suit les routes de Rome et de la Grèce... marque une pause en Israël... et conquiert la Méditerranée païenne, enfin par une autre route traverse les Balkans, remonte la vallée du Danube pour se déliter parmi les croyances païennes des peuples du Nord ». Toujours cette même année 1997, Nadine Cretin nous invite à son tour dès l'introduction à « réfléchir sur le sens de nos coutumes, méditation qui, loin de leur ôter leur part de magie, nous plonge dans un univers riche de mystères où le passé se révèle un fascinant miroir [8] ».

La liste est encore longue et, sans se livrer à une analyse systématique, il apparaît nettement que la presse comme les ouvrages pour le grand public octroient aux origines de la fête et à ses coutumes une place plus importante ces dernières années et sont davantage curieux d'une histoire « transculturelle ». Une sorte de Noël « à la carte » est en train de s'inventer où chacun peut puiser la signification qui lui sied. Le lecteur a souvent le choix du thème : sapin, crèche, bûche, Père

Noël, cadeau ; mais aussi celui de la profondeur historique de l'Antiquité à l'après-guerre en passant par le Moyen Age et le XIXe siècle. Tout se passe comme si Noël permettait de construire un récit des origines suffisamment ample pour satisfaire le plus grand nombre, conjugué sur le mode d'un « éternel retour » suffisamment innocent pour ne pas rompre le charme de l'événement [9], illustrant assez bien cette « religiosité flottante » dont parle Françoise Champion. Cette nouvelle forme d'adhésion à la croyance s'accommode en effet davantage d'un « éclectisme » ou d'un « syncrétisme religieux » ou « chacun bricole avec des éléments de croyances chrétiens, cosmiques, psycho-spirituels et moraux » correspondant simultanément à la « désinstitutionnalisation du christianisme [10] ».

Si la religion ne joue plus qu'un rôle d'« appoint culturel et symbolique » selon Danièle Hervieu-Léger [11], si elle se folklorise, on peut s'attendre que certaines de ses grandes fêtes subissent du même coup cette influence, Noël particulièrement, dont la richesse des coutumes se prête à cette mise en scène à la fois savante et populaire.

Noël : un nouvel objet de patrimoine ?

Des coutumes tombées en désuétude sont aujourd'hui exhumées et une nouvelle légitimité est donnée à celles qui ont résisté. Paris, New York et Londres, grandes capitales de Noël, et depuis 1992 Strasbourg, qui s'est d'ailleurs arrogé officiellement ce titre, ont participé au succès international d'un Noël moderne et essentiellement urbain mais qui, progressivement, réintègre des usages locaux. Leur valorisation récente aura une conséquence intéressante : elle les fera changer d'échelle. De locales elles pourront devenir nationales, européennes, et parfois mondiales. De la remise au goût du jour des « marchés de Noël » qui existent en Alsace et en Allemagne depuis le Moyen Age à l'Ecomusée d'Alsace qui présente depuis quatre ans, entre le 23 novembre et le 6 janvier, les « Mythes, légendes et façons de vivre autrefois en Alsace autour de Noël », en passant par l'exposition : « Le monde merveilleux de Noël et ces traditions d'autrefois [12] » au musée des Arts et traditions populaires à Paris en 1997, lieu pour lequel le thème était une « première », on assiste à la multiplication des initiatives qui donnent à la fête les caractères d'un héritage collectif qu'il faut gérer, et continuer à produire, d'un bien culturel commun à préserver, restaurer et mettre en scène. En ce sens, on peut parler d'une « patrimonialisation » en cours qui implique que le folklore soit « revisité » ; mais ici l'exploitation touristique et commerciale oriente et modèle ouvertement une nouvelle lecture des coutumes. Les marchés de Noël alsaciens ont ainsi pris depuis dix ans une ampleur inattendue.

Les marchés de Noël : reprise et invention

De ce point de vue, la politique touristique de Strasbourg est exemplaire. Depuis 1991 en effet, cette ville a développé un « parcours de Noël » entre le *Christkindelsmärik* place Broglie et la place de la Cathédrale. Ce « parcours », c'est le terme employé, est ponctué de petites maisonnettes en bois, proposant différents produits artisanaux et des décorations de Noël. Le succès de cette manifestation est tel que, en 1992, la ville décide de la reconduire et d'y adjoindre un programme complet d'animations-concerts, exposition, spectacles de rue. Elle se promeut, cette même année, capitale de Noël. Ce choix, expliquent les auteurs du dossier de presse, « repose sur une histoire longue ». L'Alsace serait « le berceau de la tradition de Noël » ; le marché de Noël ou *Christkindelsmärik* en alsacien ainsi que le sapin y existent en effet depuis le Moyen Age. La foire plutôt que le marché s'appelait alors le marché Saint-Nicolas, *Klausenmärik.* A l'époque, les foires et marchés étaient nombreux dans les grandes villes du Saint-Empire romain germanique et cette animation était surtout destinée à apporter des cadeaux aux enfants pour célébrer saint Nicolas. Mais ce dernier devenu au moment de la Réforme « patron des écoliers » fut, quatre siècles avant le Père Noël, lui aussi l'objet d'une répudiation par le pasteur Finner, prédicateur de la cathédrale qui s'éleva contre cette « survivance du papisme que représentait cette tradition». En 1570, le 2 décembre, il maintint la foire mais en la dédiant désormais au *Christkindel*, l'Enfant Jésus, régnant sur tous les chrétiens. La foire de Noël naquit ainsi, «elle allait résister aux guerres, aux changements de nationalité et de régime», précise-t-on. Après 1870, elle s'installe place Broglie, en face de l'hôtel de ville, où elle se trouve toujours aujourd'hui.

Si, en 1992, on comptait en Alsace huit marchés du même genre, en 1997, leur nombre a atteint la soixantaine ! On y vend, outre des sapins, des objets de décorations de Noël, des crèches, des santons, de l'artisanat, des confiseries et de la restauration accompagnée de vin chaud.

La presse nationale et régionale fait écho à ce succès et considère l'Alsace comme la «reine de la célébration», avec «son art à nul autre pareil de réveiller les nostalgies des Noëls perdus».

En 1996, pour la première fois, la ville est «débordée». Un article de *Libération* titre «A Strasbourg, le conte de Noël vire au cauchemar» : quatre mille personnes en une journée pour l'office de la place de la Cathédrale; le trafic est saturé, la SNCF a mis en circulation treize trains spéciaux en provenance des régions. L'office de tourisme envisage de réduire sa communication pour freiner le mouvement. «La ville craque, écrit la journaliste, et les Strasbourgeois n'osent plus sortir.»

Ce succès inédit n'en est pas moins contagieux et d'autres marchés en France apparaissent : après celui de Pontarlier, ceux de Paris, de Lyon, d'Amiens (ce dernier en deux ans a doublé le nombre de ses chalets et de ses boutiques) ont ouvert entre décembre 1996 et 1997. La presse parisienne parle de « la folie des marchés de Noël » et la polémique s'engage [13]. La revue *Saisons d'Alsace* ne reconnaît « d'authentique et d'incontestable » que celui de Strasbourg et traite toutes les autres initiatives « d'imposture ». Seul le marché de Kaysersberg (qui en était aussi à sa onzième édition en 1997) revendique une « authenticité totale » supérieure à celle du marché de Strasbourg.

Cette envie de coutumes inquiète pourtant certains responsables qui ne souhaitent pas que l'Alsace s'enferme dans un symbolisme désuet [14]. L'office de tourisme et la ville de Strasbourg déclarent d'ailleurs veiller « à la qualité et à l'authenticité » des produits proposés. La politique de promotion de l'événement a été « innovante » et, en 1995 pour la première fois, « Strasbourg capitale de Noël » a été présentée dans une quinzaine de salons internationaux de tourisme grand public ou professionnel, par exemple à Milan, Paris, Berne ou Varsovie.

L'offre touristique, on l'aura constaté, est imposante. Il faut cependant distinguer dans l'inflation des discours tenus par les promoteurs et repris par les journalistes deux thèmes récurrents : celui de l'authenticité, comme légitimation historique, et celui de l'ouverture à la modernité. Nous sommes loin du contexte de l'après-guerre où l'on se souvient que A. Van Gennep parlait de « folklore naissant ».

Comment qualifier un demi-siècle plus tard et interpréter ce que les médias appellent le « retour » des coutumes anciennes ? lesquelles en réalité ne reviennent jamais sans s'être enrichies ou appauvries durant leurs pérégrinations.

Un premier constat s'impose. Il semble que les phénomènes de diffusion des principaux symboles de la fête, de ceux qui sont aujourd'hui inscrits dans la mémoire collective (sapin, couronne de l'Avent, cartes, crèche, Père Noël), aient atteint un degré maximal. Nous avons aujourd'hui dans nos magasins le choix des objets de décorations : finlandais, suisses, autrichiens, anglais, espagnols, roumains, allemands, etc. Les ateliers, pour la plupart situés en Asie du Sud-Est, fabriquent aussi bien les boules « à l'ancienne » et des crèches saint-sulpiciennes que des guirlandes et des Pères Noël automates. L'artisanat européen résiste mal, et son coût est plus élevé ; il joue d'ailleurs à son tour sur la fabrication « à l'ancienne ». Les livres proposés aux enfants intègrent eux aussi les coutumes de diverses régions et de tous les pays « à traditions [15] ». Devant cette prolixité étourdissante, il est tentant de s'en tenir à la ligne de l'authenticité, qui devient un nouveau label.

Par une curieuse alchimie culturelle et économique, l'universalisation de la fête a produit non pas un retour à la tradition mais plutôt, comme l'a précisé André Burguière, un incessant « recyclage » des traditions, qu'elles soient locales ou nationales. Ainsi, sous le titre « Noël en France, nos plus belles traditions », le magazine *Modes et Travaux* proposait en décembre 1998 de renouer avec « celles de Noël dans nos régions ». Le Queyras, par exemple, où l'on travaille toujours le bois selon le savoir-faire d'antan. Ici apprend-on : « Les artisans fabriquent des jouets et des crèches depuis que, selon la légende, une figurine en bois peint était tombée de la hotte du Père Noël dans ce pays tellement pauvre qu'il n'y passait jamais. » On peut aussi passer « les fêtes en famille » dans ces petites vallées des Hautes-Pyrénées dont l'« authenticité » est attestée par le caractère « très traditionnel du Noël des bergers ». En Provence, on est convié à assister au *pastrage*, cette procession ouverte là aussi par les bergers, et encore une fois dite « coutume très ancienne », au cours de laquelle « ils offraient un agneau au prêtre ». Enfin, ajoute l'auteur de l'article, il sera temps « revenus à la maison de déguster les treize desserts », lors d'un séjour dit « au coin du feu ». Enfin le « Noël convivial et magique de l'Alsace » fait figure maintenant de grand classique avec « ses authentiques lieux de convivialité où se mêlent bruits de clochettes et senteurs de cannelle, d'orange et de vin chaud »[16].

Des déclinaisons par milliers...

La célébration laïque, religieuse et le Père Noël sont ainsi aujourd'hui en voie d'être transformés en objets patrimoniaux. Le cas est déjà avéré à l'Ecomusée d'Alsace, situé à Ungersheim près de Mulhouse. Le pari muséographique est cohérent avec la tendance, décrite plus haut, d'un Noël « à la carte ». Ici il s'agit de « faire son marché parmi les fêtes de l'hiver, aujourd'hui bien isolées de leur contexte, mais si l'on y regarde de près, toujours porteuses des interrogations profondes de l'humanité ».

Si la « dimension sacrée n'est délibérément pas évoquée » par l'Ecomusée, « les aspects sociaux sont traités par une exposition qui couvre la période du jour des Morts à la Résurrection ». Il est dit aussi que le temps de Noël est situé dans « les cycles des sociétés anciennes, décode les survivances et donne au patrimoine une valeur active et contemporaine ». La plaquette très richement illustrée insiste également sur « la connaissance de ce patrimoine festif, que l'histoire régionale a permis de réactiver alors que dans d'autres contextes il a sombré en même temps que la dominante paysanne des villages ».

Pour les régions qui n'ont jamais eu de tradition de Noël forte ou qui l'ont perdue, cette « histoire régionale » a inspiré à d'autres localités l'idée de créer de toutes pièces leur fête de Noël en empruntant à des coutumes qui n'étaient pas les leurs. C'est le cas de Neuilly-sur-Eure dans le Perche, qui a pour la première fois en 1997, avec « une maison fleurie et superbement illuminée », organisé une « vraie fête de Noël », gratuite pour les enfants. L'article s'achève en évoquant justement l'Alsace dont cette commune du Perche aura « un petit air avec ses sapins et sa décoration »[17].

La hotte touristique paraît donc sans fond et, en la circonstance, la rapidité de la folklorisation croît en proportion de la demande. Dans cette nouvelle volonté de faire de la « tradition » à tout prix, les « maisons du Père Noël » ont surgi un peu partout. Sa première demeure fut celle située non loin de Rovaniemi, capitale de la

Laponie finnoise. Elle était née de l'imaginaire d'un conteur finnois en 1927. Entièrement détruite pendant la guerre, c'est à l'occasion d'un voyage de réconfort effectué par Eleanor Roosevelt, que les Finnois eurent l'idée de construire un petit chalet de rondins censé abriter le Père Noël, pour accueillir la première dame des Etats-Unis. Dans les années soixante, les Américains proposèrent de l'agrandir et de lui adjoindre une boutique de souvenirs et un bureau de poste. Dans les années quatre-vingt, on assista à une véritable explosion touristique. Rovaniemi compte depuis peu un *Santa Park*, entièrement souterrain. Aujourd'hui, la Norvège, la Suède, le Danemark essaient de rivaliser en proposant eux aussi des parcs d'attractions ou des animations diverses (à Mora à l'ouest de Stockholm, à Copenhague où a lieu le congrès annuel des Pères Noël à la mi-juillet et à Drobak près d'Oslo), mais aucun n'est encore parvenu à égaler le succès dont bénéficie Rovaniemi.

Le Père Noël, personnage ubiquitaire par excellence, possède aujourd'hui de nombreuses maisons, y compris et surtout peut-être dans des villages anonymes tel celui de Poix-Terron, dans les crêtes préardennaises, qui a transformé les Ardennes après le pôle Nord en « pays du Père Noël » depuis 1996 [18].

Autre déclinaison en vogue, celle qui se fait à partir de la notion de « pays ». On trouve par exemple le « pays du Jouet » comme celui de Moirans-en-Montagne, au cœur du haut Jura, devenu « pays de l'Enfant ».

L'Alsace pionnière en la matière et décidément très inventive a réussi l'exploit d'un découpage en sept

« pays », parce qu'il y avait urgence « à réinventer un imaginaire alsacien ». Cette composition virtuelle, dit la plaquette de l'office de tourisme, donne « sept bonnes raisons de venir préparer Noël en Alsace ». Peuvent ainsi se découvrir et se parcourir le « pays des Mystères de Noël » (Haguenau, Wissembourg) ; celui des « Lumières » (Saverne, Wasselonne, Wangenbourg, etc.), celui des « Saveurs » (Strasbourg, La Wantzenau) ; celui du « Sapin » (Sélestat, Obernai, etc.), celui des « Etoiles » (Colmar, Kaysersberg, etc.) ; celui « des Chants et des Etoffes » (Mulhouse, Thann, Saint-Louis, etc.) enfin celui des « Veillées » où l'on retrouve l'Ecomusée d'Ungersheim. Tous ces pays s'échelonnent du nord au sud de l'Alsace et comptent une ou deux villes importantes. A eux sept, ils ne proposent pas moins de trois cent cinquante manifestations de la fin novembre à la fin décembre !

Dernier indice d'une patrimonialisation en cours, la création d'un musée du Père Noël. Il est situé sur la nationale 7, entre Paris et Fontainebleau, et propose « une découverte des origines de la fête de fin d'année » depuis « l'époque des dieux vikings jusqu'à Santa Claus et le Père Noël finlandais, en passant par saint Nicolas ». Et cet inventaire n'est sans doute pas clos...

ÉPILOGUE

On se souvient du refrain de François Villon « tant crie l'on Noël qu'il vient » ; c'était l'époque où Noël ouvrait une période d'excès, de transgressions, plus ou moins contrôlées, plus ou moins incontrôlables. On appelait Noël comme le loup, lequel à force d'en parler finit toujours par arriver… pas toujours bien intentionné. Jean Dufournet rappelle que le poète avait profité d'une de ces nuits-là, celle de 1456, pour dérober cinq cents écus au collège de Navarre, en compagnie de quelques compères. Le rite n'avait alors aucun besoin de se décliner en toutes sortes de mises en scène folkloriques, il était le folklore même. De ce cycle carnavalesque et parfois bouffon, il ne reste plus de nos jours, comme pour en marquer la fin, que la mise à feu de voitures égarées aux frontières des villes et depuis quelques années dans les faubourgs de celle qui s'est baptisée « capitale de Noël », Strasbourg, « berceau de la tradition », étrange coïncidence.

A Paris on s'en prend plutôt aux symboles du luxe, comme en ce 20 décembre 1987 où trois cents chômeurs ont, à l'appel des Jeunesses communistes, envahi les deux boutiques de Fauchon aux cris de « Les fauchés chez Fauchon ». La fermeture forcée du magasin pendant deux heures (le temps que les « forces de l'ordre » interviennent et canalisent la foule) représentait pour le directeur des magasins un « manque à gagner » qu'il estimait face aux journalistes à environ 400 000 francs ! ce qui donnait la mesure du chiffre d'affaires en cette période [1]. Les chômeurs ont depuis accroché à leurs revendications, la « prime de Noël », sorte d'étrenne étatique. Aujourd'hui le Lord ne régale plus ses sujets.

Le « désordre » des grandes cités qui inquiétait tant les élites new-yorkaise et anglaise, vers 1820, à tel point qu'elles avaient idéalisé cette tradition, n'est pas éteint de nos jours, où l'on sait aussi que les larcins et les agressions augmentent pendant les fêtes de fin d'année. En revanche, on porte peu atteinte à sa propre vie, une sorte de « trêve des confiseurs » s'instaure entre soi et soi. Pour cette raison peut-être cet Anglais fêtait-il Noël tous les soirs depuis des années, suspendant ainsi le temps en lui ôtant ses ruptures, ses transitions [2]. « Le rite travaille pour l'ordre », rappelait Georges Balandier [3] dans un ouvrage qui faisait « l'éloge du mouvement ». Noël depuis le XIXe siècle semble avoir pris cette fonction très au sérieux. Fête parmi les plus régulatrices qui soient, son acte propitiatoire manifeste se réduit aujourd'hui à l'immense fatigue de la course aux cadeaux dans les grands magasins.

Cette régulation annuelle inspire autant qu'elle instaure une vision manichéenne, dualiste, de la vie en société, misère et richesse, enfance et vieillesse, solitude et convivialité, affliction et bonheur, épargne et dépense. En somme Noël simplifie provisoirement les règles sociales mais au prix de paradoxes assumés comme tels, c'est une des « qualités » que lui accorde encore l'époque, suscitant l'intérêt de son étude. La séduction de Noël est telle qu'il sévit aujourd'hui dans des contrées sans solstice, faisant supporter aux Pères Noël des températures qui s'accordent peu avec la houppelande bordée d'hermine. Ses symboles sont parfois l'objet de « bricolages » culturels inattendus comme ce sapin qu'une amie orne de boules de verre et d'étoiles de David ou ces cactus géants qui, au Mexique, s'enguirlandent en décembre. Noël a toujours très bien supporté les voyages, depuis que les marins hollandais sont partis fonder la Nouvelle Amsterdam, les traversées d'océan l'ont enrichi plus qu'ils ne l'ont appauvri. Continuons donc, à l'instar de Villon, à « crier Noël », son légendaire et ses lumières, ses artifices et ses drames, son conformisme et son arrogance, et que la clameur de ce nouveau siècle ne cesse de s'enfler entre « chien et loup ».

Joyeux Noël à tous !

NOTES

INTRODUCTION

1. M. Harrison, *The Story of Christmas*, p. 179. — Les références des titres cités dans la Bibliographie ne sont pas données dans les notes.

2. Le premier sapin fut dressé en 1912, à Madison Square à New York.

3. Cette chanson est celle que Tino Rossi chanta pour la première fois dans le film *Destins* de Richard Pottier sorti à Paris le 18 décembre 1946 (les paroles sont de Raymond Vinci et la musique d'Henri Martinet). Elle obtint le premier disque d'or en 1949 et se vendit à plus de trente millions d'exemplaires. Cf. J.-L. Hue, *Dernières nouvelles du Père Noël*, p. 146-147.

4. Programme d'aide des Etats-Unis à l'Europe, dont l'initiative revient au général Marshall, et qui fut adopté en 1948 par le président Truman. L'administration du plan avait été confiée à deux organismes : l'un américain, l'ECA ; l'autre européen, l'OECE. Après la fin du plan Marshall ces deux organismes fusionnèrent pour donner naissance à l'actuelle OCDE.

5. J.-L. Hue, p. 145.

6. Le peintre américain Haddon Sublom fut sollicité par Coca-Cola dès 1930 et à nouveau en 1950 pour faire la publicité de la boisson à Noël. Il réalisa vingt-six portraits de Santa Claus buvant le fameux breuvage. Depuis 1997, on peut revoir ces publicités dans le métro parisien.

7. Cette comédie musicale compte encore aujourd'hui parmi les dix plus grands succès financiers mondiaux et la chanson *White Christmas* fut non pas la chanson de Noël la plus populaire, mais la chanson la plus rentable de tous les temps. Un autre énorme succès d'après guerre fut *Rudolph the Red-Nosed Reindeer* (Le petit renne au nez rouge) composée par John Marks en 1949 : cf. J. M. Golby et A. W. Purdue, *The Making of Modern Christmas,* 1986, p. 99.

8. « Les fantômes d'Halloween », *Libération*, 3 novembre 1998.

9. D. Miller, *Unwrapping Christmas*, Préface.

10. *Ibid.*

11. M. Mauss, « Essai sur le don. Forme et raison de l'échange dans les sociétés archaïques ».

12. C. Lévi-Strauss, « Le Père Noël supplicié ».

13. Il existe un article intéressant de Philippe Gaboriau sur les fêtes religieuses et familiales du Choletais, où l'auteur met en parallèle la communion solennelle et Noël à partir d'entretiens effectués auprès de représentants de trois générations : « Fêtes familiales et religieuses dans un village du Choletais », *Ethnologie des faits religieux en Europe*, CTHS, 1993, p. 79-83.

14. Fr.-A. Isambert, *La Fin de l'année. Etude sur les fêtes de Noël et du Nouvel An à Paris*, et *Le Sens du sacré. Fête et religion populaire*, chap. III, « Le cycle des douze jours », p. 164-211.

15. Fr.-A. Isambert, p. 166.

16. A. Van Gennep, vol. VIII, *Cycle des douze jours : de Noël aux Rois*, rédigé par B. Guichard. Lorsque Arnold Van Gennep mourut le 7 mai 1957, il laissait les épreuves corrigées de six chapitres concernant le *Cycle des douze jours* qui furent publiés grâce à R. Lecotté et G.-H. Rivière. Dans certaines régions d'Europe, ce cycle peut aussi être appelé le « cycle des douze nuits ». Tout en constatant que ce cycle possédait dès l'Antiquité une « autonomie caractérisée », Van Gennep rappelle qu'il correspondait en Europe à un ensemble de cérémonies dites « de l'hiver », dont certains éléments sont « encore identifiables derrière les cérémonies chrétiennes ».

17. Je reprends l'expression de Claude Lecouteux, entendue sur France Culture le 21 décembre 1999, lors de l'émission *La matinée des autres* dirigée par Jacques Meunier sur le thème de « Fêtes chrétiennes, rites païens ».

18. Si tel avait été le cas, ajoute-t-il, l'Eglise aurait réussi à faire bénir la bûche de Noël ou le gâteau des Rois, or ceux-ci sont restés purement folkloriques.

19. Un site a notamment été créé en 1996 par M.-Fr. Noël (chercheur au musée des Arts et traditions populaires) en coopération avec des chercheurs canadiens, sur les traditions de Noël.

Notes

Chapitre premier

ORIGINES DU RÉCIT, OU RÉCIT DES ORIGINES

1. M. ELIADE, *Le Sacré et le Profane*, p. 98.

2. Le solstice correspond à chacune des deux époques où le soleil atteint son plus grand éloignement angulaire du plan de l'équateur : point de l'écliptique qui y correspond. Le solstice d'hiver a lieu le 21 ou le 22 décembre et celui d'été le 21 ou le 22 juin.

3. R. MAC MULLEN, *Le Paganisme dans l'Empire romain*, p. 139-142.

4. J. G. FRAZER, *Le Rameau d'or*, p. 604.

5. M. ELIADE, *Le Mythe de l'éternel retour*.

6. A. VAN GENNEP, vol. VIII, *Cycle des douze jours : de Noël aux Rois*.

7. *Ibid.*

8. M. FEUILLET, *Le Carnaval*, p. 38.

9. H. REY-FLAUD, *Le Charivari* : voir le chapitre II.

10. J. G. FRAZER, p. 617.

11. O. CULLMANN, *La Nativité et l'Arbre de Noël. Les origines historiques*.

12. Il n'existe en réalité aucun accord. La prédilection pour le printemps, rappelle Oscar Cullmann, est manifeste d'une part « parce que le commencement du monde a été situé à cette saison, d'autre part, parce que le jour de la mort du Christ tombe au printemps et que l'on admettait volontiers que le nombre des années vécues par Jésus devait former un chiffre rond ».

13. Les païens célébraient aussi le 6 janvier la naissance de Dionysos et d'Osiris.

14. Thomas J. LAMY, *Ephraemi Syri hymni et sermones*, t. I, 1982 ; cité par O. CULLMANN, p. 38.

15. EGÉRIE, *Journal de voyage*, Paris, Ed. du Cerf, « Sources chrétiennes » 296, 1982, p. 251 ; cité par O. CULLMANN, p. 39.

16. La *Depositio martyrum*, qui figure dans le calendrier romain de 354, atteste que le huitième jour précédant les Calendes de janvier, on célébrait à Rome la naissance de *Sol invictus* et l'anniversaire de la naissance du Christ.

17. M.-Chr. MOTTET, *Le Père Noël est une figure*, p. 64.

18. R. TURCAN, *Mithra et le mithriacisme*. R. Turcan nuancera cette affirmation, « pas toujours clairement ni de façon constante », dira-t-il ; cf. aussi « Les religions orientales dans l'Empire romain », dans *Histoire des religions*, H. Ch. PUECH éd., Paris, Gallimard, « Bibliothèque de la Pléiade », t. II, 1972, p. 33-79.

19. R. TURCAN, « Les religions orientales dans l'Empire romain », p. 77.

20. P. HADOT, « La fin du paganisme », p. 87.

21. *Ibid.*

22. O. CULLMANN, p. 49.

23. R. MAC MULLEN, p. 196.

24. Les païens n'eurent jamais ces velléités prosélytes même si leur cruauté à l'égard des chrétiens a été inouïe. On sait aujourd'hui que la lutte contre le paganisme ne fut pas moins violente.

25. R. MAC MULLEN, p. 196.

26. J. A. R. PIMLOTT, *The Englishman's Christmas. A Social History*, p. 6.

27. C'est-à-dire la triple théophanie : naissance, baptême, manifestation aux Mages.

28. M. VLOBERG, *Les Noëls de France*, p. 40.

29. *Ibid.*

30. H. COX, *La Fête des fous*, p. 13.

31. M. VLOBERG, p. 50. « Elle subsista néanmoins dans les monastères de femmes jusqu'au XVIIIe siècle où une petite abbesse était élue par les jeunes moniales pour recevoir la crosse et monter sur le trône le jour des Saints Innocents. »

32. La première crèche fut (d'après la légende) inventée par saint François d'Assise en 1223 à Greccio en Ombrie.

33. M. VLOBERG, p. 65.

34. Harvey Cox pense également que « son ombre pâle subsiste plutôt dans les facéties et les réjouissances d'Halloween » (p. 1).

35. P. PRADO, « Fêtes globales, fêtes locales ».

Notes

Chapitre II

LE PÈRE NOËL, UNE BIOGRAPHIE « À TIROIRS »

1. A. Van Gennep, t. I, vol. VIII, p. 3002.

2. J'en citerai quatre principaux, en dehors de Claude Lévi-Strauss et Van Gennep déjà mentionnés : Catherine Lepagnol *(Biographies du Père Noël)* nous livre un inventaire très complet des différentes personnifications tout en prolongeant les perspectives ouvertes par Lévi-Strauss ; Jean-Louis Hue *(Dernières nouvelles du Père Noël)*, avec humour, traite de la dimension américaine ; Marie-Christine Mottet *(Le Père Noël est une figure)* propose une démonstration du caractère sacré du Père Noël et de sa signification psychanalytique et symbolique ; Tony Van Renterghem *(La Fabuleuse Histoire du Père Noël. Origines, légendes et traditions)* offre une analyse très inspirée du symbolisme jungien et de l'ésotérisme sur la relation entre le Père Noël et la première figure chamanique, celle d'Herne le chasseur sauvage.

3. George Sand l'évoque dès 1855 dans ses souvenirs d'enfance parisienne.

4. J. Garneret, *Barbizier*, 1955 ; cité par A. Van Gennep, p. 2999.

5. En Allemagne où le culte de saint Nicolas fut aussi populaire qu'en Hollande, la Réforme et le concile de Trente ont imposé au XVIe siècle une plus grande rigueur en détrônant saint Nicolas au profit du *Christkindl* (l'Enfant Jésus). En revanche, les protestants hollandais ne semblent pas avoir tenté de substituer un autre personnage à saint Nicolas : A. Van Gennep, p. 3004.

6. *Ibid.*

7. C. Méchin, *Saint Nicolas. Fêtes et traditions populaires d'aujourd'hui.*

8. M.-Chr. Mottet, p. 129.

9. Parmi les plus connus, on trouve celui où le saint redonne vie à un jeune enfant mort ébouillanté parce que sa mère, pressée d'assister à la cérémonie d'intronisation de l'évêque, l'avait oublié alors qu'elle était en train de le laver dans une bassine d'eau mise à chauffer sur le feu.

10. Cette légende est, semble-t-il, une invention occidentale qui n'apparaît pas dans l'iconographie orientale. Sans doute d'après le

Révérend Père Cahier vient-elle d'une interprétation erronée du sauvetage des trois officiers marins condamnés injustement : cf. R. P. CAHIER, *Caractéristiques des saints dans l'art populaire*, vol. II, Poussielgue Frères, Paris, s. d. ; cité par C. MÉCHIN, p. 97.

11. A. VAN GENNEP, p. 2985.

12. H. REY-FLAUD, *Le Charivari*, « Les rituels fondamentaux de la sexualité », p. 184. Parfois, signale l'auteur, c'est encore *Klaubauf* (le Ramasseur) qui vient, entièrement cousu dans une peau de bouc noir, pour emporter dans son sac les enfants qui n'ont pas été sages.

13. G. LESER, *Noël-Wihnachtes en Alsace. Rites, coutumes, croyances*, p. 122.

14. P. SEBILLOT, *Coutumes populaires de la haute Bretagne* ; cité par C. MÉCHIN, p. 90-92.

15. H. REY-FLAUD, p. 186. Dans certaines croyances, elles transportent les âmes des enfants morts non baptisés. Elles portent les attributs de la chasse infernale, comme des petits fouets, des cornes de vache dans lesquelles elles soufflent et des perches de bois chargées de clochettes qu'elles agitent. Leur chasse, dit Henry Rey-Flaud, vise toujours la mort de l'enfant.

16. Hellequin est un personnage cornu, que l'on retrouve dans deux pièces de Shakespeare sous le nom de *Falstaff* : *Henri IV* et *Les Joyeuses Commères de Windsor*.

17. Dans certains villages, on pousse même le réalisme jusqu'à faire pendre de la hotte la jambe d'une grande poupée pour intimider les petits : cf. C. MÉCHIN, p. 86.

18. En affaiblissant le pouvoir de l'Eglise catholique romaine, on vit refleurir des coutumes païennes comme la célébration des arbres qui prit la forme de l'arbre de Noël, des bûches de *jul* et du mât de Mai : cf. T. VAN RENTHERGEM, p. 77.

19. Lui-même héritier probable de Thor, figure germanique préchrétienne, fils de Wotan. Son nom signifie « tonnerre », et il porte une longue barbe rouge.

20. G. LESER, p. 21.

21. M.-Chr. MOTTET fait remarquer que l'Espagne et l'Italie, qui n'ont pas connu la Réforme, ont conservé d'autres donateurs : la Befana pour l'Italie et les Rois Mages pour l'Espagne, qui continuent à Noël de gâter les enfants de ces deux pays.

22. A l'est du Bassin parisien, au sud de l'Argonne, entre la Champagne et les Côtes de Meuse.

23. H. DONTENVILLE éd., *La France mythologique,* Epilogue, p. 375-378.

24. Toutefois H. DONTENVILLE fait remarquer que cette adoption du personnage n'est ni générale ni concertée. Vers 1910, le Bonhomme Noël était encore inconnu dans plusieurs provinces, comme celle du Limousin, où l'Enfant Jésus, « peu généreux en ces pays pauvres et résignés, se marquait pour tous par les simples petits pains chauds, que la maman disposait sur la commode » (p. 379).

25. P. VÉRY, *L'Assassinat du Père Noël*, p. 57.

26. M. TOURNIER, *Le Coq de bruyère.*

27. J.-L. HUE, p. 77.

28. C. LEPAGNOL, p. 101-171.

29. J. H. BARNETT, *The American Christmas. A Study in National Culture.*

30. Ch. JONES, *St. Nicholas of Myra, Bari, Manhattan*, 1978, p. 307-308.

31. J. CARRIER, *Gifts and Commodities. Exchange in Western Capitalism since 1700.*

32. W. IRVING, *The Complete Works of Irving Washington,* vol. VII, *A History of New York.*

33. St. NISSENBAUM, *The Battle of Christmas*, p. 70.

34. St. NISSENBAUM, p. 50-65.

35. On peut noter, pour l'anecdote, que Tim Burton a titré son film *A Nightmare before Christmas* (Un cauchemar de Noël) sans nul doute en clin d'œil au poème devenu une véritable institution de Clement Moore. Le titre du film de Tim Burton a été traduit en français par *L'Etrange Noël de M. Jack.*

36. Cf. J.-L. HUE, p. 97 et aussi J. H. BARNETT, p. 28-29.

37. Pour le peintre Fredericks Santa Claus ressemble à un druide, couronné de houx, portant une ample robe blanche. Le regard reste sévère malgré la présence du verre de vin à la main.

38. J.-L. HUE, p. 100-103.

39. St. NISSENBAUM, chap. II, p. 84-86.

40. L'Eglise épiscopale est la partie de l'Eglise anglicane qui a maintenu la hiérarchie. L'Eglise d'Angleterre, après avoir été schismatique sous Henri VIII, adopta sous Edouard VI la doctrine calviniste

(bill des quarante-deux articles) et la liturgie en langue anglaise (1552-1553). Après l'échec de la réaction catholique de Marie Tudor, Elisabeth fit accepter l'anglicanisme, compromis entre la Réforme protestante et le catholicisme (bill des trente-neuf articles, 1563). L'anglicanisme a conservé une liturgie apparentée au catholicisme et gardé une hiérarchie ecclésiastique semblable à celle de l'Eglise romaine, mais le souverain est le chef suprême de l'Eglise anglicane.

41. Contrairement aux menaces qui précédaient la visite du *Christkindl*, au « charbon » que peuvent livrer les Rois mages aux enfants espagnols indisciplinés ou au Père Fouettard accompagnant toujours saint Nicolas en Lorraine et en Alsace : cf. C. LEPAGNOL, p. 108-109.

42. Extraits d'articles du *New Yorker* publiés par *Courrier international* (décembre 1998), sous le titre « L'homme qui inventa Santa Claus ».

43. *Ibid.*

44. J. H. BARNETT, p. 44.

45. La couleur rouge était déjà dans certaines illustrations anciennes celle de la robe de saint Nicolas. Le rouge a par ailleurs une valeur « atropopaïque en Europe » ; elle est une couleur protectrice : cf. N. BELMONT, *Mythes et croyances de l'ancienne France*, p. 85.

46. J. A. R. PIMLOTT, *The Englishman's Christmas. A Social History.*

47. En décembre 1998, *Courrier international* (décembre 1998) lui a consacré un article conséquent.

48. Par exemple *Paper Doll's in Full Color* de Tom TIERNEY, Dover Publication Inc., New York, 1983 ; publié au Canada et au Royaume-Uni, et distribué en France en version anglaise.

49. Saint Nicolas est aussi le saint patron des bateliers et des passeurs d'eau, et encore des vieux garçons dans les provinces de l'est de la France : cf. C. MÉCHIN, *Saint Nicolas. Fêtes et traditions populaires d'aujourd'hui.*

50. Parmi ces ingénieux promoteurs, l'un d'eux assurera définitivement la fidélité de tous les enfants au personnage, à ses lutins et à son atelier de fabrication de jouets, c'est Walt Disney.

51. Un magazine comme *Marie-Claire* consacrait de nombreux articles à la femme américaine.

52. On assiste curieusement aujourd'hui s'agissant d'Halloween à une levée de boucliers comparable. Les arguments sont étrangement

semblables. L'introduction en France de cette fête depuis quelques années est en effet considérée comme une « porte ouverte à l'américanisation ». Elle inspire la même crainte de pervertir l'imaginaire enfantin en « les faisant fantasmer sur les sorcières au lieu de connaître l'histoire des grands saints qui ont façonné notre patrimoine culturel », selon l'archevêque de Tours, ou encore celle d'une « désacralisation de la société » et d'une perte de spécificité culturelle, comme l'exprime encore l'évêque de Nice, car les rites qui l'accompagnent « n'ont rien à voir avec notre culture méditerranéenne et chrétienne ». Certains, comme le curé de la paroisse de Notre-Dame de Royan (Charente-Maritime), en appelleront à « l'exception culturelle française » ; voir dans *Le Figaro* du 1er novembre 1999 l'article « L'Eglise veut chasser les sorcières » par Elie MARÉCHAL et aussi l'article dans *Nice-Matin* du 31 octobre 1999 de Jean BONFILS, évêque de Nice.

53. Parmi les pourfendeurs du personnage, l'un des plus surprenants fut sans doute le Dr Brock Chilhom, psychiatre, délégué canadien à l'ONU, et surtout directeur de l'Organisation mondiale de la paix, qui avait déclaré un mois avant l'affaire de Dijon qu'« il fallait en finir avec ce mythe dangereux, cette fiction nationale ». Il entendait du reste porter le cas du Père Noël devant l'ONU et dénoncer toutes les fictions particularistes et nationales qui sapent chez l'enfant l'« esprit universel » indispensable à l'homme pour résoudre les problèmes d'aujourd'hui. La même année, le Père Noël ou son équivalent fut interdit par le Soviet suprême : cf. C. LEPAGNOL, p. 24.

54. Cl. LÉVI-STRAUSS, p. 1586.

55. Cl. LÉVI-STRAUSS, p. 1588.

Chapitre III

L'« ESPRIT DE NOËL » : NAISSANCE DE LA FÊTE MODERNE AU XIXe SIÈCLE

1. Il faut rappeler que la révolution de 1848 qui avait déchiré la France avait beaucoup inquiété cette catégorie de la population britannique en pleine ascension sociale et économique.

2. Terme difficile à traduire précisément en français. On parle en général de vie privée pour l'évoquer.

3. A. Martin-Fugier, « Les rites de la vie privée bourgeoise », p. 215-227.

4. Sur ce point, cf. D. Miller éd., *Unwrapping Christmas*, Introduction.

5. Aux Etats-Unis la plus ancienne gravure représentant un sapin illuminé entouré de cadeaux date de 1812 : il s'agit d'une famille allemande de Pennsylvanie. D'après Van Gennep, le sapin de Noël est connu au milieu du XIXe siècle en Saxe, mais uniquement dans les familles aisées, et ne se répand dans les campagnes que vers 1870. Dans la seconde moitié du XIXe siècle, la coutume allemande passe au Danemark et en Norvège (vers 1880). Cependant, en Espagne, au Portugal et en Italie, comme en Russie, on reste fidèle à la crèche. En Angleterre, le sapin est introduit par Albert de Saxe, époux de la reine Victoria. En France sous Louis-Philippe en 1840 aussi. Cf. A. Van Gennep, vol. VIII, *De Noël aux Rois*, p. 3196-3198.

6. Au XVIe siècle, Noël avait une dimension baroque et païenne notamment avec l'existence du *lord of Misrule*, l'équivalent de notre roi de la Malgouverné au Moyen Age. « *Lord of Misrule* régnait en roi absolu et inventait des divertissements extraordinaires. Les villes prenaient un aspect champêtre, les maisons étaient toutes décorées de lierre et de houx. La hiérarchie s'inversait, les élèves prenaient la place des professeurs et s'adonnaient à des jeux défendus toute l'année. Stubbs, un écrivain puritain, les appelait "les limiers de l'enfer" ou "les mécréants", car *lord of Misrule*, à la fois empereur, prince, évêque, etc., choisissait toujours vingt, quarante ou soixante "gros gourmands" qui se travestissaient comme des bouffons et entraient dans les cimetières et les églises pour chanter et danser. » Condamné par les puritains au XVIIe siècle, il réussit néanmoins à survivre jusqu'en 1878, où il est encore mentionné à Downside School. Au XIXe siècle, le « petit peuple » ne pouvant plus se permettre de telles excentricités « s'est réfugié au théâtre », qui donne d'extraordinaires pantomimes au moment de Noël : cf. *L'Illustration*, 26 décembre 1846. Des traces de l'ancien rituel du *lord of Misrule* se retrouvaient dans l'armée britannique jusqu'à la dernière guerre, les simples soldats prenant la place des officiers qui leur servaient à manger.

7. St. Nissenbaum, *The Battle of Christmas*, p. 12-13.

8. Cité par J. Pimlott, *The Englishman's Christmas*, p. 80.

9. Cf. J. M. Golby et A. W. Purdue, *The Making of Modern Christmas*.

10. Ph. Ariès, *Histoire des populations françaises*, p. 215.

11. A titre de comparaison, si la population française rurale représente en 1850 encore les trois quarts de la population totale, ce n'est plus le cas en Grande-Bretagne où elle n'est que de 50 %, et vers 1871 on compte encore deux fois plus de ruraux en France qu'en Angleterre.

12. Ph. Ariès, p. 215.

13. Mouvement de réforme à l'intérieur de l'Eglise anglicane.

14. G. Grossick, « La bourgeoise britannique au XIXe siècle ».

15. C. Hall, « Sweet Home », p. 54.

16. Après 1820, « la licence des mœurs n'est plus de mise pour le monarque qui donne l'exemple » : cf. C. Hall, p. 54.

17. Michelle Perrot, dans *Histoire de la vie privée* (Ph. Ariès éd.).

18. J. Carrier, *Gifts and Commodities. Exchange in Western Capitalism since 1700*, p. 184.

19. S. A. Muresianu, *The History of the Victorian Christmas Book.*

20. J. M. Golby et A. W. Purdue, *The Making of Modern Christmas.*

21. *Middle-class* est généralement traduit en français par « bourgeoisie », mais, comme le fait remarquer G. Grossick (« La bourgeoisie britannique au XIXe siècle »), les chercheurs anglais distinguent *low-middle class, middle-middle class* et *upper-middle class.*

22. J. Carrier, p. 187.

23. Benjamin Disraeli (Londres 1804-1881), écrivain et homme politique conservateur, devient Premier ministre en 1868, puis est renversé par les libéraux ; c'est un adversaire de Gladstone.

24. J. Raimond, préface à *Un conte de Noël.*

25. J. Gattegno, *Dickens*, p. 27.

26. Après quelques mois de cette « humiliation », il put retourner à l'école. A l'âge de quinze ans, il deviendra clerc de notaire et, en 1831, entrera comme sténographe-reporter parlementaire au *Morning Herald* dans lequel il publiera des chroniques et des articles.

27. C'est en 1835 qu'il écrit, sous le pseudonyme de Boz, son tout premier récit, *Les Esquisses de Boz*, qui contient déjà les thèmes qui seront présents dans *Un conte de Noël.*

28. Le chartisme émane de l'Association des travailleurs londoniens, fondée en 1836 et dirigée par Lovett.

29. William Makepeace Thackeray, consacré écrivain avec la publication de *La Foire aux vanités* (1847-1848), roman sans héros, publia des essais, notamment celui sur les snobs. Conférencier, il poursuivit la critique des hypocrisies de son époque.

30. Selon Peter Ackroyd, auteur d'une autre imposante biographie, ce conte est encore à rapprocher du poème d'Elizabeth Barrett Browning *Le Cri des enfants* (1844), qu'elle avait écrit pour dénoncer l'exploitation de la main-d'œuvre enfantine dans les usines.

31. Ch. Dickens, *Un conte de Noël*, p. 27.

32. Dans certaines illustrations du *Conte de Noël*, l'Esprit de Noël ressemble à s'y méprendre à un druide, renouant avec la représentation du très païen *Father Christmas* des Noëls de la vieille Angleterre. Voir à ce sujet l'analyse de T. Van Renterghem, *La Fabuleuse Histoire du Père Noël*.

33. Ch. Dickens, *Un conte de Noël*, p. 173.

34. *Ibid.*, p. 183.

35. *Ibid.*, p. 114-115.

36. Ch. Dickens, *Esquisses de Boz*, p. 252. Lorsque paraît le premier ouvrage de Dickens en 1836, les enfants qui travaillent ne jouissent encore d'aucune protection légale.

37. St. Nissenbaum, p. 224.

38. Il fut porté à l'écran dans les années trente. Il en existe aujourd'hui douze versions cinématographiques différentes.

39. Fr. Kaplan, *Charles Dickens*, p. 261.

40. Ce succès eut néanmoins ses effets pervers, par exemple à Boston, en décembre 1867, où tous les billets avaient été achetés en onze heures et pour 14 000 dollars ! Des gens profitant de l'engouement du public pour spéculer sur les billets, cela avait rendu Dickens furieux, qui aurait souhaité que tout le monde puisse venir l'écouter. Ces spéculations auxquelles certains le soupçonnaient d'être associé contredisaient son message humaniste et le blessaient profondément.

41. Il est tout à fait étonnant de constater qu'en France, de la fin de l'année 1996 à fin de l'année 1998, la réédition de ce conte par Librio a atteint trente-cinq mille exemplaires ! (*Livres de France*, n° 214, janvier 1999.) Actuellement, on ne compte pas moins de neuf éditions françaises (Gallimard, J'ai lu, Duculot, etc.), dont cinq éditions de poche. Quatre éditions étaient épuisées en 1998.

42. La pénétration en France des œuvres de Dickens resta livrée aux

hasards d'initiatives individuelles. Il négocia cependant avec Louis Hachette le traité qui devait aboutir à la publication de ses œuvres. En décembre 1843, l'hebdomadaire *L'Illustration* publiait d'octobre à décembre *Martin Chuzzlewit* sous forme de feuilleton.

43. Fr. KAPLAN, p. 475. En fait, Dickens déclina l'invitation; pour lui le temps des lectures était terminé, mais la rencontre n'en reste pas moins éminemment symbolique.

44. X. LEGRAND-FERRONNIÈRE, *Contes fantastiques de Noël.*

45. Il existe des désaccords quant à celui qui inventa la carte de Noël. On accepte habituellement le fait que H. C. Horsley fut le premier en 1843. D'autres exemples peuvent être trouvés à partir de 1840 chez W. C. T. Dobson, le peintre, et W. M. Edgley, un graveur. Mais c'est surtout à partir de 1860 que la pratique d'envoyer des cartes de Noël et d'embellir ses cartes de visite se développa : cf. J. M. GOLBY et A. W. PURDUE, p. 69-70.

46. Cette imagerie de la fin du XIXe siècle faisait également appel à des scènes qui deviendront des stéréotypes en Grande-Bretagne, surtout celle très connue de la diligence tirée par de robustes chevaux et guidée par un cocher bien emmitouflé. Traversant des villages enneigés, il emmène de nombreux et joyeux convives vers des destinations qu'on devine chaleureuses, étant donné leur mine réjouie. Nombreuses aussi sont les cartes qui représentent des «tournées de charité», effectuées par quelque *lady* élégamment vêtue et chapeautée parcourant à cheval la campagne, toujours enneigée. Sur d'autres encore, comme celle intitulée *Christmas Box*, un châtelain, lui aussi à cheval, sort de sa poche une étrenne (offerte à Noël) pour les trois petits enfants marchant dans la neige, et qu'il croise en chemin. On imagine que ce sont les enfants de son fermier. En 1880, la production s'industrialisant, cette coutume d'envoyer des cartes à Noël devint une pratique courante et ne cessera plus en Angleterre comme aux Etats-Unis.

47. E. SHORTER, *Naissance de la famille moderne*, p. 286.

48. J. M. GOLBY et A. W. PURDUE, p. 83.

49. E. SHORTER, *Naissance de la famille moderne.*

50. M. PERROT, dans *Histoire de la vie privée*, Introduction au tome IV, p. 18.

51. En 1891, le président Harrison célébrant Noël à la Maison-Blanche fera référence à cet arbre de Noël, «ancienne coutume pour grands enfants». En France, je l'ai déjà évoqué, il faudra attendre les

lendemains de la guerre de 1870 et l'arrivée des Alsaciens à Paris pour que la population emprunte cette coutume plus largement.

La plus ancienne peinture allemande connue d'un arbre de Noël remonte à 1521. Cf. T. VAN RENTERGHEM, *La Fabuleuse Histoire du Père Noël* : « En Alsace, à la même époque à Sélestat, les comptes de la ville autorisent des gardes forestiers à surveiller les arbres à partir du jour de la Saint-Thomas », puis en 1546, à couper les « mais » (arbres verts) pour Noël. Il faudra attendre encore pour que le sapin entre dans les maisons. Après avoir gagné les milieux aristocratiques allemands, puis la Scandinavie, il conquit les régions protestantes de Suisse, d'Autriche et de Bohême.

C'est à la suite de la Réforme, au XVIe siècle, que les protestants, très hostiles aux représentations de la Nativité, favorisèrent l'implantation de l'arbre de Noël qui leur rappelait l'arbre de la connaissance du bien et du mal : cf. N. CRETIN, *Fêtes et traditions occidentales*, p. 68. C'est au cours du XVIIIe siècle seulement que l'on rencontre fréquemment l'arbre paré de lumières, chez Goethe dans *Werther* notamment (1793) : cf. O. CULLMANN, *La Nativité et l'Arbre de Noël*, p. 90-91.

52. A. MARTIN-FUGIER, citation du *Journal des jeunes filles*, décembre 1849, dans « Les rites de la vie privée bourgeoise », p. 218.

53. En Amérique, bien qu'à la même époque la société soit plus rurale qu'en Grande-Bretagne, l'arrivée massive des immigrants et la guerre civile inquiètent également cette *middle-class*, en pleine expansion économique. Dans ce pays comme en Angleterre, Noël se développe dans un contexte de prospérité croissante mais sur fond du malaise social qui progresse. Etant donné la structure fédérale des Etats-Unis, la reconnaissance officielle se fera progressivement, Etat par Etat. Ainsi, si en Angleterre Noël est férié depuis 1836, en Amérique, entre 1845 et 1865, vingt-huit Etats l'adopteront, y compris le plus puritain d'entre eux, le Massachusetts : cf. J. BARNETT, *The American Christmas*. En France, le 25 décembre est férié au début du XIXe siècle et, à partir de 1925, les écoliers ont droit à une semaine de congé comme celle qu'ils avaient à Pâques depuis 1859. C'est dire l'importance grandissante de la fête qui, cette fois, est en équivalence avec Pâques : cf. A. MARTIN-FUGIER, p. 226.

54. Cf. A. MARTIN-FUGIER, p. 220.

Notes

Chapitre IV

DES CADEAUX PAR MILLIERS...
OU LES PARADOXES
DE LA CONSOMMATION SENTIMENTALE

1. Voir la note 3, p. 243.
2. D. PICOULY, *Vivement Noël*, p. 9-10.
3. Ch. DICKENS, *Un conte de Noël*, p. 39-40.
4. Dès 1860, progressivement dans toute l'Angleterre, la coutume de donner des cadeaux se déplace du Jour de l'An à Noël. En 1871, le jour de Noël fut formellement institué par le *Bank Holiday Act* qui incluait le *Boxing Day* (le lendemain de Noël, on donnait des étrennes aux domestiques et à certains « petits corps de métiers »). Le *Boxing Day*, écrivait le *Times*, est devenu l'équivalent des « Saturnales de notre peuple officialisé par un acte du Parlement ».
5. M. CONNELLY, *Christmas. A Social History*, p. 190.
6. Dickens ne mentionne pas de cadeaux pour Tim Cratchit.
7. Publiée par J. M. GOLBY et A. W. PURDUE, p. 76.
8. J. BARNETT, *The American Christmas*, p. 1-23.
9. D. MILLER (*Unwrapping Christmas*, Introduction) rappelle avec pertinence qu'il existe deux autres ennemis de Noël : la pauvreté, qui empêche d'y participer, et l'avarice de Scrooge, qui n'a pas su faire de son argent le prétexte et le moyen d'une relation altruiste.
10. V. ZELIRER, *The Social Meaning of Money*, p. 90.
11. V. ZELIRER, p. 84.
12. *Ibid.*
13. L. SCHMIDT, « The Commercialization of the Calendar ».
14. R. W. BELK, « Materialism of the Modern American Christmas », p. 75-103.
15. M. BARTON, « The Victorian Jeremiad : Critics of Accumulation and Display », p. 55-71.
16. R. W. BELK, p. 91.
17. J. BARNETT, p. 33.
18. J.-L. HUE, *Dernières nouvelles du Père Noël*, p. 136.
19. J. M. GOLBY et A. W. PURDUE, p. 91.

20. Parmi les illustrateurs les plus connus figurent Haddon Sublom, Norman Rockwell et John Hugues.

21. J. Barnett, p. 34-35.

22. J.-L. Hue, p. 132. L'auteur rapporte aussi que Jim Yellig, originaire de l'Indiana, habitait près de la ville appelée Santa Claus.

23. Un dernier exemple est la publication de cette réponse dans *Courrier international*, décembre 1998 (numéro consacré à Noël).

24. J.-L. Hue, p. 116.

25. Ainsi juste dans l'après-guerre, en 1949, le conseil municipal de Boston demanda à son maire de ne tolérer qu'un seul Père Noël dans la ville, pour ne pas éveiller les soupçons des enfants. Le conflit d'intérêts entre folklore et économie est encore illustré par un autre épisode amusant que rapporte J. Barnett : toujours en 1949, dans l'Etat du Michigan, une banque locale avait décidé de vanter les vertus de l'épargne à l'occasion des fêtes de Noël en diffusant le message publicitaire suivant : « IL N'Y A PAS DE PÈRE NOËL », avec en sous-titre « TRAVAIL, ARGENT ÉPARGNE ». Ce déni flagrant de l'existence de Santa Claus provoqua tant de protestations de la part des parents que la banque fut obligée de transformer son message.

26. En 1998, 700 651 lettres furent reçues et 17 651 lettres électroniques.

27. *Miracle on 34th Street* : réalisé par George Seaton, produit par la 20th Century-Fox. Ce film a connu des versions successives dont la dernière date de 1995.

28. D. Cheal, *The Gift Economy*, p. 5.

29. H. Berking, *Sociology of Giving*, p. 16.

30. En décembre 1999, la Fnac retournera le message : « Des cadeaux pleins d'idées. »

31. A. Martin-Fugier, « Les rites de la vie privée bourgeoise », p. 222-223.

32. M.-Fr. Noël, « De l'origine du cadeau », p. 444.

33. N. Cretin, *Fêtes et traditions occidentales*, p. 94. Les marionnettes à fil apparaîtront en 1951 et les jouets en vente dans le magasin en 1960.

34. Victor Hugo, *Les Misérables* (1862), p. 430.

35. Cf. *L'Evénement* : respectivement 25 décembre 1900 et 26 décembre 1900.

36. Cf. *L'Evénement*, 26 décembre 1920.

37. *Carrefour*, 19 décembre 1951.

38. *Ibid.*

39. *Ibid.*

40. *Le Parisien libéré*, 24 décembre 1953.

41. D. Picouly, p. 9-10.

42. Ces grands magasins se partagent le seul marionnettiste qui anime les vitrines parisiennes, J.-C. Dehix, aujourd'hui aidé de son fils à qui il a transmis son savoir-faire. Que J.-P. Couturier, directeur artistique à la Samaritaine, et J.-M. Moynac, directeur artistique au Bon Marché soient ici remerciés pour leur aimable participation à l'enquête.

Chapitre V

LE PRIX DES LIENS
ET LE COÛT DE L'INTIMITÉ

1. M. Mauss, *Essai sur le don*, p. 173.

2. G. Bataille, *La Part maudite*, précédé de *La Notion de dépense*.

3. J. Godbout (avec A. Caillé), *L'Esprit du don*, p. 54.

4. P. Kremer, *Le Monde*, 26 décembre 1998.

5. On peut s'amuser à donner encore quelques chiffres : le champagne entre novembre et décembre écoule un tiers de ses ventes ; 90 % du foie gras est aussi vendu à cette période ; les entreprises, qui font 2 milliards de francs de cadeaux par an, en consacrent le tiers à ceux de fin d'année.

6. Données sociales, Insee, 1999.

7. Aujourd'hui en France, les cadeaux de Noël représentent 25 % du chiffre d'affaires annuel de certains grands magasins parisiens.

8. Cl. Lévi-Strauss, *Les Structures élémentaires de la parenté*, p. 65-66.

9. En Angleterre en 1972, les cadeaux de Noël représentaient 3,1 % du revenu annuel des ménages ; en 1998, on estimait à 250 livres, soit environ 2 500 F le budget cadeaux consacré à chaque enfant à Noël. En 1976 aux Etats-Unis à Middletown, Theodore Caplow notait, quant à lui, que les cadeaux représentaient 4 % de la dépense annuelle totale des ménages et prenaient le pas sur les dépenses professionnelles.

10. N. Herpin et D. Verger, « Cadeaux de fin d'année : fête de l'enfance ou de la famille ? ».

11. « *Potlatch* » : cf. M. Mauss, p. 152-153.

12. M. Mauss, p. 153.

13. Elles sont l'équivalent du *Boxing Day* anglais. Celui-ci a lieu le 26 décembre ; l'étymologie reste incertaine ; elle viendrait de *box*, tronc d'église que l'on ouvrait pour donner aux pauvres : cf. N. Cretin, *Fêtes et traditions occidentales*, p. 94.

14. Cité par M.-F. Noël, « De l'origine du cadeau », p. 444.

15. Je reprends ici à dessein le titre d'un article de David Cheal, « Showing them, you love them. Gift's Exchange and Dialectic of Intimacy », *Sociological Review*, University of Keele, 1997, 35, p. 150-169.

16. 57,5 % disent que c'est un plaisir, 27,6 % une tradition et seulement 7,5 % une corvée : cf. *L'Evénement du jeudi*, décembre 1986 (échantillon de 1 000 personnes).

17. Th. Caplow, « Rule Enforcement without Visible Means ».

18. *Ibid.*

19. Pour la moitié, il reste inférieur à 3 500 F et même à 350 F pour 10 %, mais il est supérieur à 7 500 F pour 10 % également.

20. A. Muxel, *Individu et mémoire familiale.*

21. N. Herpin et D. Verger, « Flux et superflu : l'échange des cadeaux en fin d'année ».

22. *Ibid.*, p. 2.

23. G. Simmel, *Philosophie de l'argent.*

24. S. Chevalier et A. Montjaret éd., « Dons et échanges dans les sociétés marchandes contemporaines », p. 440-441.

25. V. Zelirer, *The Social Meaning of Money*, p. 72-73 ; exemples donnés dans le chapitre III, « Gifted Money ».

26. S. Chevalier et A. Montjaret éd., « Dons et échanges dans les sociétés marchandes contemporaines » et A. Montjaret, « L'argent des cadeaux », *Ethnologie française*, n° 4, octobre-décembre 1998, p. 493-505.

27. Certains grands-parents très minoritaires reçoivent de l'argent de leurs enfants (8 %) mais jamais de leurs petits-enfants : cf. M. Segalen et Cl. Attias-Donfut, *Grands-Parents. La famille à travers les générations*, p. 123.

28. *Ibid.*, p. 135.

29. Fr. DE SINGLY, « Le soi statutaire et le soi intime à l'épreuve de la fête ».

30. F. DOSTOÏEVSKI, *Le Joueur*, p. 47.

31. A. MONTJARET, p. 503.

32. J. CARRIER, « The Rituals of Christmas Giving », dans D. MILLER éd., *Unwrapping Christmas*, chap. III, p. 63.

33. Th. CAPLOW, p. 64.

34. Fédération des familles de France, 1996, échantillon de 700 personnes, enquête effectuée par l'intermédiaire des associations locales de la fédération, ce qui évidemment n'est pas représentatif de tous les milieux.

35. M. SEGALEN et Cl. ATTIAS-DONFUT, *Grands-Parents. La famille à travers les générations.*

36. R. ROCHEFORT, *La Société des consommateurs*, p. 159-192.

37. G. BATAILLE, p. 27-28.

Chapitre VI

L'ENFANT PASSEUR

1. Fr.-A. ISAMBERT, *Le Sens du sacré. Fête et religion populaire*, p. 206.

2. M. DE LA SOUDIÈRE, « Le paradigme du passage », p. 5-30.

3. A. VAN GENNEP, vol. VII, p. 2875.

4. *Ibid.*, p. 2874.

5. En Angleterre, les pantomimes costumées, *mumming*, furent beaucoup plus importantes avant l'époque victorienne, où la nouvelle morale en cours les jugea absurdes et grotesques. Elles furent réhabilitées en 1919 par la Ligue des arts *(League of Arts)* et accompagnées par les chanteurs de *Carols* : cf. M. CONNELLY, *Christmas. A Social History*.

6. A. VAN GENNEP, *Noël*.

7. *Ibid.*, p. 2901.

8. Cl. LÉVI-STRAUSS, « Le Père Noël supplicié », p. 1588.

9. Noël en breton.

10. A. LE BRAZ, *Magies de la Bretagne*, p. 458.

11. Cf. *L'Est républicain*, 30 décembre 1997.
12. G. Leser, *Noël-Wihnachtes en Alsace*, p. 15.
13. G. Leser, p. 117.
14. Cl. Lévi-Strauss, « Le Père Noël supplicié », p. 1587.
15. A. Fine, *Parrains et marraines. La parenté spirituelle en Europe*, p. 291.
16. *Robert historique de la langue française.*
17. M.-Chr. Mottet, *Le Père Noël est une figure*, p. 50.
18. B. Alexandre, *Le Horsain. Vivre et survivre en pays de Caux*, p. 229.
19. Cl. Lévi-Strauss, « Le Père Noël supplicié », p. 1589.
20. *Ibid.*, p. 1583.
21. C. Méchin, p. 82.
22. Cl. Lévi-Strauss, p. 1581.
23. J. Barnett, *The American Christmas*, p. 44.
24. Dans l'expression « se mettre au même rang », notons comme me l'a suggéré Daniel Percheron qu'il y a aussi l'idée de se mettre à la même distance, comme au théâtre.
25. P. J. Hélias, *Le Cheval d'orgueil. Mémoires d'un Breton du pays bigouden*, p. 165.
26. J. Godbout (avec A. Caillé), *L'Esprit du don*, p. 64.
27. G. Leroux, *Le Noël du petit Vincent / Vincent.*
28. Dans cette surenchère de cadeaux offerts à l'enfant, certains ont pu voir à l'inverse de ce qui est proposé ici l'incapacité du rite à assurer sa fonction mythique par laquelle il prenait sens et remplissait sa fonction de communication sociale et de célébration religieuse. Noël « arraché à sa texture sémantique est alors transmué en symptôme névrotique, notamment sadique anal par l'échange de cadeau et d'affection » : cf. Fr. Laplantine, *L'Ethnopsychiatrie*, p. 85. Cette interprétation, me semble-t-il, ne tient aucun compte du secret dont il est question ici.
29. O. Mannoni, *Clefs pour l'imaginaire ou l'Autre Scène*, p. 9-33.
30. Don C. Talayesva, *Soleil hopi.*
31. J'ajoute cette comparaison.
32. O. Mannoni, p. 30.
33. En décembre 1998, une preuve « scientifique » du Père Noël fut proposée dans un article de *Courrier international* (n° 422, 5-7 décembre 1998). On s'était proposé de mesurer « scientifiquement »

la performance du Père Noël. Cela donna des résultats étranges comme celui de la vitesse de vol du traîneau, soit 1 170 kilomètres par seconde. Le traîneau supporterait 500 000 tonnes sans compter le poids du Père Noël. Finalement surréalistes donc poétiques, ces résultats furent repris par un site internet, et furent affichés sur la grande toile du monde pour en conclure que, si le Père Noël avait bien existé, il était aujourd'hui au regard de ces résultats chiffrés bel et bien mort !

34. E. Morin, p. 168.

35. Dans l'émission « Le Père Noël », par C. Paoletti avec Cl. Mettra et M. Schneider et PEF (France Culture, *Lieux de mémoire*, 25 décembre 1997).

36. M. Leiris, 1989, p. 35-36.

37. P. J. Hélias, p. 165-166.

38. France Culture, *Lieux de mémoire*, 25 déc. 1997.

39. A. Sylvère, *Toinou. Le cri d'un enfant auvergnat*, p. 42-43.

40. H. Chr. Andersen, *Contes*, Paris, Gallimard, « Folio », p. 183-184.

41. Cl. Attias-Donfut, *Générations et âges de la vie*.

42. Ph. Ariès, « Le continent gris ».

43. M. Segalen et Cl. Attias-Donfut, *Grands-Parents*, p. 25.

44. *L'Est républicain* de décembre 1997 et 1998.

45. L'expression est de Ph. Ariès et concerne seulement dans son texte les enfants et les vieillards : cf. « Le continent gris ».

Chapitre VII
FAIRE NOËL EN FAMILLE

1. Alain-Fournier, *Le Grand Meaulnes*, p. 23.

2. A. Van Gennep, t. VII, *Noël*, p. 2855.

3. Proverbes catalans.

4. Fr.-A. Isambert, *Le Sens du sacré*, chap. VI.

5. Le régime nazi en avait fait la fête « de l'unité nationale » et « de la famille germanique » sous le IIIe Reich. Cf. Esther Gajek, *Christmas under the Third Reich*.

6. G. Miller, *Les Pousse-au-jouir du maréchal Pétain*, p. 52-53.

7. J'emploie cette métaphore en référence à la « petite Eglise » et au

« petit Etat » qui furent les images utilisées par les évangélicalistes victoriens en Angleterre à partir de la seconde moitié du XIXe : se référer sur ce point au chapitre III « L'esprit de Noël » ; voir aussi C. HALL, « Sweet Home ».

8. G. HOURDIN, « Noël, fête familiale ».

9. L'expression est de Gérard MILLER, p. 53.

10. Trois images se succèdent dans une chronologie infaillible : sur la première, le père monté sur un escabeau accroche fièrement la plus haute guirlande au sapin sous le regard admiratif de ses deux enfants, un garçon et une fille ; sur la deuxième, les parents attendris guettent, derrière la porte entrouverte, l'arrivée des deux enfants découvrant les cadeaux au pied du sapin ; la troisième a saisi le moment du déballage ; la petite fille a bien sûr reçu une poupée et le petit garçon un avion.

11. *Le Parisien libéré*, 26 décembre 1953.

12. *Le Parisien libéré*, 25 décembre 1975. Il s'agissait alors de Jacques Chirac en visite officielle au Maroni.

13. Fr. DE SINGLY, *Sociologie de la famille contemporaine*.

14. Ont été consultés pour ce chapitre : *Le Petit Parisien* depuis 1878, et ses successeurs *Le Parisien libéré* puis *Le Parisien*, *France-Observateur* et *Le Nouvel Observateur* entre 1956-1975, *Marie-Claire* depuis sa création ; pour les dix dernières années : *L'Humanité*, *Le Figaro*, *Libération* ; plus ponctuellement : *Le Monde* et *L'Evénement* (1900, 1920), *La Croix*.

15. *Le Parisien libéré*, 26 décembre 1951.

16. Dans son enquête commencée en 1962 sur les fêtes de fin d'année à Paris, Fr.-A. ISAMBERT écrivait : « Paris s'affiche publiquement pour une célébration qui se fait en privé » (Introduction).

17. *Le Parisien libéré*, 19 décembre 1964.

18. *Le Parisien libéré*, 24 décembre 1975.

19. *La Croix*, 23 décembre 1986.

20. Ce dernier chiffre étant lui aussi d'une stabilité étonnante depuis dix ans, mais en hausse nettement attestée depuis les années soixante-dix, où il n'était que de 20 %.

21. Même chez les catholiques pratiquants réguliers — et la critique de la dimension commerciale fond à la chaleur du foyer — qui sont, en 1999, 81 % contre 82 % chez les non-pratiquants à la concevoir ainsi, ce qui ne les empêche pas d'être 84 % à dire qu'elle commémore également la naissance du Christ.

22. L'importance de la réunion de famille atteint ses plus beaux scores chez les communistes (97 %) et les écologistes (87 %) et du point de vue professionnel chez les artisans, employés, petits commerçants (Sofres, *Le Figaro*, décembre 1999).

23. Résultat, affirme l'ethnologue Sophie Chevalier, dans un entretien à *Libération*, « c'est souvent le jour le plus horrible de l'année. Et du coup, la scène classique de Noël, c'est la mère en larmes dans la cuisine ».

24. En France, environ 95 % des familles font un vrai sapin (55 %) ou un sapin artificiel (45 %). 73 % seront décorés avec des guirlandes électriques. Un célibataire sur cinq n'en fait pas (sondage de la Fédération des familles de France, 1996 et 1997).

25. Selon la Sofres, 52 % envisagent de faire une crèche, 85 % parmi les catholiques pratiquants, occasionnels ou réguliers, et — plus surprenant — 36 % chez communistes ! Cf. *Le Figaro*, 24 décembre 1999.

26. Fr. DE SINGLY, p. 79, à propos de l'enquête de C. BONVALET, D. MAISON, H. LE BRAS, L. CHARLES, « Proches et parents », *Population*, 1993, n° 1, p. 83-110.

27. *Ibid.*

28. Depuis le début du siècle, certains plats connaissent néanmoins une légère désaffection : le boudin blanc ou les escargots (qui eux restent heureusement bourguignons). Dans les familles provençales, on reste attaché aux treize desserts.

29. Fin 1997, le ministère de l'Agriculture révélait que cinq produits « rois des tables de Noël françaises » : les huîtres, le foie gras, le chocolat, le champagne et le cognac, représentaient à eux seuls cinquante milliards de chiffre d'affaires. La demande est tellement concentrée sur les deux derniers mois de l'année que les entreprises ont du mal à s'organiser, surtout dans le cas des monoproductions comme le foie gras.

30. L. M. ALCOTT, *Les Quatre Filles du Dr March.*

31. *Ibid.*, p. 8.

32. *Le Parisien libéré*, 23 décembre 1975.

33. Je reprends le titre d'un ouvrage d'Alain EHRENBERG : *Le Culte de la Performance*.

34. I. THÉRY, *Le Démariage*.

35. G. BRISAC, *Week-end de chasse à la mère*, p. 83-84.

Chapitre VIII

NOSTALGIE, TOURISME ET PATRIMOINE

1. M. de la Soudière, *Au bonheur des saisons.*
2. *France-Observateur*, décembre 1956.
3. Cf. M. Segalen, *Rites et rituels contemporains*, p. 31-34.
4. *Ethnologie des faits religieux en Europe*, Nicole Belmont et Françoise Lautman éd., publications du CTHS, Paris, 1993, p. 14.
5. A. Burguière, « Le retour du Père Noël ».
6. C. Lepagnol, *Biographies du Père Noël.*
7. E. W. Count et L. Lawson Count, *L'Histoire de Noël.* Ce petit ouvrage connut tout de suite un assez grand succès puisqu'il fit l'objet d'un retirage rapide. Trois mois après sa sortie en avril 1998, six mille exemplaires avaient déjà été vendus.
8. N. Cretin, *Le Livre de Noël. Fêtes et traditions de l'Avent à la Chandeleur*, Paris, Flammarion, 1997, p. 8.
9. Voir sur ce point H.-P. Jeudy, *Mémoires du social.*
10. F. Champion : « Religieux flottant, éclectisme et syncrétisme » in *Le Fait religieux*, sous la dir. de Jean Delumeau, Paris, Fayard 1993, p. 741-772.
11. D. Hervieu-Léger : *La religion pour mémoire*, Paris, Ed. du Cerf, 1993. *Christianisme et modernité*, Paris, Ed. du Cerf, 1990.
12. A partir des dessins d'un illustrateur de livres pour enfants, Philippe Fix.
13. Une petite ville de Bretagne a ainsi, en 1997, demandé à la ville de Strasbourg des conseils pour créer un marché de Noël dans une région où cette tradition n'a jamais existé.
14. Pour parer à l'éventuel décalage entre « une réalité ouverte et moderne et des symboles passéistes et folkloriques » le forum de Baggersee où l'on réfléchit sur l'avenir de l'Alsace propose un débat intitulé : « Des symboles à rénover ».
15. On assiste même depuis peu à l'invention d'une version tropicale où le sapin a laissé place au palmier et les lutins à d'ingénieux crabes fabricants de jouets.
16. *Modes et Travaux*, décembre 1998, article de Nadège Chaignot.

17. Journal *Le Perche*, 8 octobre 1998, rubrique « Longny-au-Perche », aimablement communiqué par Martin DE LA SOUDIÈRE.

18. Il accueillait en 1998, du 20 novembre au 27 décembre, les visiteurs pour un spectacle, une traversée en calèche, un cortège.

ÉPILOGUE

1. Déjà dans les années soixante-dix, ce magasin avait subi l'assaut des « maos » qui avaient ensuite distribué leur « butin » aux plus démunis.

2. Cité par Pierre Georges, *Le Monde*, 16 décembre 1998.

3. G. BALANDIER, *Le Désordre*, p. 29.

BIBLIOGRAPHIE

ALCOTT, Louisa May, *Les Quatre Filles du Dr March*, Paris, Flammarion, 1995.

ALEXANDRE, Bernard, *Le Horsain. Vivre et survivre en pays de Caux*, Paris, Plon, « Terre humaine », 1988.

ANDERSEN, Hans Christian, *Contes* (éd. de Régis Boyer) Paris, Gallimard, « Folio Classique », 1994.

ARIÈS, Philippe, *Histoire des populations françaises*, Paris, Ed. du Seuil. « Point Histoire », 1971.

—, *L'Enfant et la vie familiale sous l'Ancien Régime*, Paris, Seuil, 1973.

—, « Le continent gris », *Communications*, Paris, Ed. du Seuil, 1983, p. 47-54.

ARIÈS, Philippe, et DUBY, Georges éd., *Histoire de la vie privée*, t. IV, *De la Révolution à la Grande Guerre*, Paris, Ed. du Seuil, 1987, volume dirigé par Michelle PERROT.

ATTIAS-DONFUT, Claudine, *Générations et âges de la vie*, Paris, PUF, « Que sais-je ? », 1991.

BAILLAUD, Catherine (et alii) *Noël, l'Avent et après...* Les éditions Ronald Hirle, Strasbourg, 1998.

BALANDIER, Georges, « Le rite, la fête et la cuisine », *Le Monde*, 28/12/1990.

—, *Le Désordre. Eloge du mouvement*, Paris, Fayard, 1988.

BARNETT, James H., *The American Christmas. A Study in National Culture*, reprint 1984, Ayer Company Publishers inc. Copyright, 1954, by the Macmillan Company, New York.

BATAILLE, Georges, *La Part maudite*, précédé de *La Notion de dépense*, Paris, Ed. de Minuit, 1967.

BARTON, Michael, « The Victorian Jeremiad : Critics of Accumulation and Display », dans Simon J. BRONNER éd., *Consuming Visions :*

Accumulation and Display of Goods in America, 1880-1920, New York, Norton, 1989, p. 55-71.

BELK, Russell W., « Materialism of the Modern American Christmas », dans Daniel MILLER éd., 1993.

—, « A Child's Christmas in America : Santa Claus as Deity, Consumption and Religion », *Journal of American Culture*, janvier 1987.

BELMONT, Nicole, *Mythes et croyances de l'ancienne France,* Paris, Flammarion, 1973.

BERKING, Helmut, *Sociology of Giving*, Londres, Sage, 1999.

BRETECHER, Claire, *Les Frustrés*, Paris, éd. Bretecher 1975, « Noël 73 ».

BRISAC, Geneviève, *Week-End de chasse à la mère*, Paris, Ed. de l'Olivier-Ed. du Seuil, 1996.

BURGUIÈRE, André, « Le retour du Père Noël, *Le Nouvel Observateur*, 5-11 décembre 1997.

CAPLOW, Theodore, « Christmas Gifts and Kin Networks » *American Sociological Review*, vol. 47, juin 1982, p. 383-392.

—, « Rule Enforcement without Visible Means : Christmas Gift giving in Middletown », *American Journal of Sociology*, vol. 89, n° 6, Université de Chicago, 1984, p. 1306-1323.

CARRIER, James, *Gifts and Commodities. Exchange in Western Capitalism since 1700*, Routlege, 1995.

CHAMPION, Françoise : « Religieux flottant, éclectisme et syncrétisme in *Le Fait religieux*, sous la dir. de Jean Delumeau, Paris, Fayard, p. 741-772.

CHEAL, David, *The Gift Economy*, Londres, Routledge, 1988.

CHEVALIER, Sophie, et MONTJARET, Anne, éd., « Les cadeaux à quel prix ? », *Ethnologie française*, n° 4, octobre-décembre 1998, Paris, Armand Colin.

—, « Dons et échanges dans les sociétés marchandes contemporaines », Introduction à « Les cadeaux à quel prix ? », in *Ethnologie française*, revue citée.

CONNELLY, Mark, *Christmas. A Social History*, Londres-New York, Tauris, 1999.

CRETIN, Nadine, *Le Livre de Noël*, Paris, Flammarion, 1997.

—, *Fêtes et traditions occidentales*, Paris, PUF, « Que sais-je ? » n° 3518, 1999.

COUNT, E. W., et LAWSON COUNT, A., *L'Histoire de Noël*, Paris, La Table ronde, « Les petits livres de la sagesse », traduit de l'anglais.
COX, Harvey, *La Fête des fous*, Paris, Ed. du Seuil, 1971.
CULLMANN, Oscar, *La Nativité et l'arbre de Noël. Les origines historiques*, Paris, Ed. du Cerf, 1993.
Dialogue, « Dettes et cadeaux dans la famille », n° 110, Paris, 1991.
DICKENS, Charles, *Un conte de Noël*, Paris, Fleuron, 1996.
—, *Sketches for Boz* (1836) ; *Esquisses de Boz*, Paris, Gallimard, « Bibliothèque de la Pléiade », 1986.
DONTENVILLE, Henri éd., *La France mythologique*, H. Veyrier-Tchou, 1966.
DOSTOÏEVSKI, Fedor, *Le Joueur*, Paris, Gallimard, 1958.
DOUGLAS, Mary et ISHERWOOD, Baron C., *The World of Goods ; Towards an Anthropology of Consumption*, Londres, 1979.
DOUGLAS, Mary, « Il n'y a pas de don gratuit. Introduction à la traduction anglaise de *l'Essai sur le don* », 1990, *Revue du MAUSS,* n° 4, 1989, p. 99-115.
DURKHEIM, Emile, *Les Formes élémentaires de la vie religieuse,* rééd., PUF, 1998.
EHRENBERG, Alain, *Le Culte de la performance*, Paris, Calmann-Lévy, 1991.
ELIADE, Mircea, *Le Sacré et le Profane*, Paris, « Folio Essais », 1965.
—, *Le Mythe de l'éternel retour*, Paris, Gallimard, « Idées », 1969.
FEUILLET, Michel, *Le Carnaval*, Paris, Ed. du Cerf, 1991.
FINE, Agnès, *Parrains et marraines. La parenté spirituelle en Europe*, Paris, Fayard, 1994.
FOURNIER Alain, *Le Grand Meaulnes*, Paris, Fayard, 1971.
FRAZER, James George, *Le Rameau d'or*, Paris, Laffont, « Bouquins », 1983 ; chap. VIII, « Esprits des blés et des bois, le bouc émissaire ».
GAJEK, Esther, « Christmas under the Third Reich », in *Anthropology Today*, vol. 6, n° 4, août 1990, p. 3-9.
GATTEGNO, Jean, *Dickens*, Paris, Ed. du Seuil, « Ecrivains de toujours », 1975.
GODBOUT, Jacques (en coll. avec A. CAILLÉ), *L'Esprit du don*, Paris, La Découverte-Syros, 1992.
—, « Recevoir c'est donner », *Communications*, « L'Hospitalité » n° 65, Paris, Seuil, 1997, p. 35-49.
GODELIER, Maurice, *L'Enigme du don*, Paris, Fayard, 1996.

GOLBY, J. M. et PURDUE, A. W., *The Making of Modern Christmas*, Londres, 1984 ; Athens University of Georgia Press, 1986.

GOODY, Jack, *L'Evolution de la famille et du mariage en Europe*, Paris, A. Colin, 1985.

GROSSICK, Geoffrey, « La bourgeoise britannique au XIXe siècle », *Annales*, Paris, EHESS, novembre-décembre 1998, n° 6, p. 1089-1130.

HADOT, Pierre, « La fin du paganisme », dans Henri Charles PUECH éd., *Histoire des religions*, Paris, Gallimard, « Bibliothèque de la Pléiade », t. II, 1972.

HAINES, David, W., « Ritual or Ritual ? Dinnertimes and Christmas among some Ordinary American Families », in *Semiotica*, vol. 68, n° 1-2, 1988, p. 7-88.

HALL, Catherine, « Sweet Home », dans Philippe ARIÈS et Georges DUBY éd., *Histoire de la vie privée*, tome IV, *De la Révolution à la Grande Guerre*, Paris, Ed. du Seuil, 1987, volume dirigé par Michelle Perrot.

HARRISON, Michael, *The Story of Christmas*, Londres, Odhams Press Ltd., 1951.

HÉLIAS, Pierre Jakez, *Le Cheval d'orgueil. Mémoires d'un Breton du pays bigouden*, Paris, Plon, « Terre humaine », 1975.

HERPIN, Nicolas, et VERGER, Daniel, « Flux et superflu : l'échange des cadeaux en fin d'année », *Economie et statistique*, n° 173, 1985.

—, « Cadeaux de fin d'année : fête de l'enfance ou de la famille ? », INSEE, n° 425, janvier 1996.

HERVIEU-LÉGER, Danièle, *La Religion pour mémoire*, Paris, Ed. du Cerf, 1993.

—, *Christianisme et modernité*, Paris, Ed. du Cerf, 1990.

HOURDIN, G., « Noël, fête familiale », *Joies familiales*, Paris, Ed. familiales de France, 1942.

HUE, Jean-Louis, *Dernières nouvelles du Père Noël*, Paris, Grasset, 1987.

HUGO, Victor, *Les Misérables*, « Pocket Classiques », 1998.

IRVING, Washington, *The Complete Works of Irving Washington*, Michael L. BLACK et N. B. BLACK éd., Boston, Twane Publishers, 1984, vol. VII, *A History of New York*.

ISAMBERT François-André, *La Fin de l'année. Etude sur les fêtes de*

Noël et du Nouvel An à Paris, Travaux et documents du Centre d'études sociologiques, Paris-V, 1976.

—, *Le Sens du sacré. Fête et religion populaire*, Paris, Ed. de Minuit, « Le sens commun », 1982.

JEUDY, Henri-Pierre, *Mémoires du social*, Paris, PUF, « Sociologie d'aujourd'hui », 1986.

JONES, Charles, *St. Nicholas of Myra, Bari, Manhattan*, The University of Chicago Press, 1978.

KADARÉ, Ismaël (présente), *Noël, une Anthologie des plus beaux textes de la littérature mondiale*, L'Archipel ; 1994 (textes réunis par H. Seyrès).

KAPLAN, Fred, *Charles Dickens*, Paris, Fayard, 1991 pour la trad. française.

KARJA LAINEN, Sirpa, « The Finnish Santa Claus in Search of a Home », non publié, archives de l'auteur, Helsinki, 1993.

LAPLANTINE, François, *L'Ethnopsychiatrie*, Paris, PUF, 1988.

LE BRAZ, Anatole, *Magies de la Bretagne*, Paris, Laffont, « Bouquins », 1994.

LEGRAND-FERRONNIÈRE, Xavier, *Contes fantastiques de Noël*, Paris, Flammarion-Librio, 1997.

LEIRIS Michel, *L'Age d'homme*, Paris, Gallimard, 1939 ; « Folio », 1989.

LEPAGNOL, Catherine, *Biographies du Père Noël*, Paris, Hachette, 1977.

LEROUX, Gaston, *Le Noël du petit Vincent / Vincent* (1924), dans *Vingt-cinq Noëls rouges*, Paris, Julliard, 1989.

LESER, Gérard, *Noël-Wihnachtes en Alsace. Rites, coutumes, croyances*, Mulhouse, Ed. du Rhin, 1989.

LÉVI-STRAUSS, Claude, « Le Père Noël supplicié », *Les Temps modernes*, mars 1952, p. 1573-1590.

—, *Les Structures élémentaires de la parenté*, Mouton, 1967.

MAC MULLEN, Ramsay, *Le Paganisme dans l'Empire romain*, Paris, PUF, « Les chemins de l'histoire », 1987.

MAISONNEUVE, Jean, *Les conduites rituelles*, Paris, PUF, « Que sais-je ? », 1999 (3e édition).

MALOT, Hector, *Sans famille*, Paris, Gallimard, 1997.

MANNONI, Octave, *Clefs pour l'imaginaire ou l'Autre Scène*, Paris, Ed. du Seuil, « Points », 1969.

MARTIN-FUGIER, Anne, « Les rites de la vie privée bourgeoise », dans

Philippe Ariès et Georges Duby éd., *Histoire de la vie privée*, tome IV, *De la Révolution à la Grande Guerre*, Paris, Ed. du Seuil, 1987.

Mauss, Marcel, « Essai sur le don. Forme et raison de l'échange dans les sociétés archaïques », *Sociologie et anthropologie*, Paris, PUF, 1950 ; *Essai sur le don*, Paris, PUF, 1997.

Méchin, Colette, *Saint Nicolas. Fêtes et traditions populaires d'aujourd'hui*, Nancy, Berger-Levrault, « Espace des hommes », 1978.

Miller, Daniel éd., *Unwrapping Christmas*, Oxford, Clarendon Press, 1993.

Miller, Gérard, *Les Pousse-au-jouir du maréchal Pétain*, Paris, Ed. du Seuil, 1975.

Montjaret, Anne, « L'argent des cadeaux », in *Ethnologie française*, n° 4, oct.-déc. 1998, p. 493-506.

Morin, Edgar, *Vidal et les siens*, Paris, Ed. du Seuil, 1989.

Mottet, Marie-Christine, *Le Père Noël est une figure*, Paris, Desclée de Brouwer, 1996.

Muresianu, S. A., *The History of the Victorian Christmas Book*, Londres, Garland Publishing Inc., 1987.

Muxel, Anne, *Individu et mémoire familiale*, Paris, Nathan, 1996.

Nahoum-Grappe, Véronique, « La Nuit » in *Sociétés et Représentations*, n° 4, 1997.

Thomas Nast's Christmas Drawings, ed. Dover, New-York, 1978.

Nissenbaum, Stephen, *The Battle of Christmas*, New York, Alfred Knopf, 1996.

Noël, Marie-France, « De l'origine du cadeau », dans S. Chevallier et A. Montjaret éd., « Les cadeaux à quel prix ? », *Ethnologie française*, n° 4, octobre-décembre 1998, Paris, Armand Colin. *Noëls rouges : 25 histoires mystérieuses pour le temps de la fête*, Paris, Julliard, 1989. (Présentées par J. P. Croquet.)

Parker-Danielson, Sarah, *Miracle on the 34h. Street*, Hollywood classics, Leicester, Magna Books, 1993.

Perrot, Martyne, « La Nuit de Noël, démons et merveilles » in *Sociétés et Représentations*, « la Nuit », dir. V. Nahoum-Grappe, n° 4, 1997.

Perrot, Michelle, *Histoire de la vie privée*, Ph. Ariès et Georges Duby (éd.) tome IV, *De la Révolution à la Grande Guerre*, Paris, Ed. du Seuil, 1987.

PICOULY, Daniel, *Vivement Noël*, avec les photographies de Jacques Doisneau, Willy Ronis, Janine Niepce et Sabine Weiss, Paris, Ed. Hoëbeke, 1996.

PIMLOTT, J. A. R., *The Englishman's Christmas. A Social History*, Hassocks, Sussex, Harvester Press, Stanford Terrace, 1978.

PRADO, Patrick, « Fêtes globales, fêtes locales », *Autour d'Halloween, Ethnologie française*, 2000, 1, p. 131-136.

PUECH, Henri Charles éd., *Histoire des religions*, Paris, Gallimard, « Bibliothèque de la Pléiade », t. II, 1972.

RAIMOND, Jean, Préface à *Un conte de Noël*, Fleuron-Slatkine, Paris-Genève, 1996.

REY-FLAUD, Henri, *Le Charivari*, Paris, Payot, 1985.

Les rites de passage aujourd'hui, Neufchâtel, Ed. L'Age d'homme, 1986.

ROCHEFORT, Robert, *La Société des consommateurs*, Paris, Odile Jacob, 1995.

ROCKWELL, Norman, *332 couvertures de magazines*, Edition Abbeville, Petit Carré, New York-Paris-Londres, 1996.

SCHMIDT, Leigh, « The Commercialization of the Calendar. American Holidays and the Culture of Consumption, 1870-1930 », *Journal of American History*, n° 78, décembre 1991, p. 887-916.

SEBILLOT, Paul, *Coutumes populaires de la haute Bretagne*, 1, vol. VII, coll. « Les littératures populaires de toutes les nations », t. 33, Paris, Ed. Maisonneuve, 1886.

SHORTER, Edward, *Naissance de la famille moderne*, Ed. du Seuil, « Points Histoire », 1975.

SIMMEL, Georg, *Philosophie de l'argent*, Paris, PUF, 1987 (édition allemande, 1900).

SEGALEN, Martine, *Rites et rituels contemporains*, Paris, La Table Ronde, 1997 ; Paris, Nathan Université, 1998.

SEGALEN, Martine, et ATTIAS-DONFUT, Claudine, *Grands-Parents. La famille à travers les générations*, Paris, Odile Jacob, 1998.

SINGLY, François de, « Le soi statutaire et le soi intime à l'épreuve de la fête », dans A. EIGUER, C. LEPRINCE, F. BARUCH, éd., *La Fête de famille*, « Explorations psychanalytiques », Paris, Inpress éd., 1998, p. 129-137.

—, *Sociologie de la famille contemporaine*, Paris, Nathan Université, « Sociologie », 1993.

SOUDIÈRE, Martin DE LA, « Le paradigme du passage », *Communications* : « Passages, seuils », Paris, Ed. du Seuil, mai 2000.

—, *Au bonheur des saisons*, Paris, Grasset, 1998.

SYLVÈRE, Antoine, *Toinou. Le cri d'un enfant auvergnat*, Paris, Plon, « Terre humaine », 1980.

TALAYESVA, Don C., *Soleil hopi*, Paris, Plon, « Terre humaine », 1968.

THÉRY, Irène, *Le Démariage. Justice et vie privée*, Paris, Odile Jacob, 1993.

TOLKIEN, John Ronald Reuel, *Letters from Father Christmas*, Londres, Collins children's Books éd. par Baillie TOLKIEN. 1990.

TOURNIER, Michel, *Le Coq de bruyère*, Paris, Gallimard, 1978.

TURCAN, Robert, *Mithra et le mithriacisme*, Paris, Les Belles Lettres, 1993.

—, « Les religions orientales dans l'Empire romain » dans Henri Charles PUECH éd., *Histoire des religions*, Paris, Gallimard, « Bibliothèque de la Pléiade », t. II, 1972.

TURNER, Victor W., *Le Phénomène rituel, Structure et contre-structure*, Paris, PUF, 1990.

VAN GENNEP, Arnold, *Manuel de folklore français contemporain*, Paris, Picard, « Grands manuels » : t. I, vol. VII, *Cycle des douze jours : Noël*, par B. GUICHARD 1987 ; vol. VIII, *Cycle des douze jours : de Noël aux Rois*, 1988.

VAN RENTERGHEM, Tony, *La Fabuleuse Histoire du Père Noël. Origines, légendes et traditions*, Paris, Ed. du Rocher, 1996.

VÉRY Pierre, *L'Assassinat du Père Noël*, Paris, Gallimard « Jeunesse », 1981.

VILLON, François, *Poésies*, texte présenté et commenté par Jean DUFOURNET, G. F., Flammarion, 1992.

VLOBERG, Maurice, *Les Noëls de France*, Grenoble, Arthaud, 1934, p. 40.

ZELIRER, Vivian, *The Social Meaning of Money*, New York, Basic Books, Harper et Collins, 1994.

WEBER Max, *L'Ethique protestante et l'Esprit du capitalisme*, Paris, Plon, 1967.

WEIHNACHT, Klaus, *Rififi au marché de Noël*, Strasbourg, La nuée bleue, 1997.

REMERCIEMENTS

Pour constituer la documentation de cet ouvrage, j'ai bénéficié de la compétence remarquable de Nicole Phelouzat-Perriquet, qui tout au long de la rédaction m'a en outre prodigué soutien et conseils amicaux. De la même façon, Nicole Lapierre n'a jamais hésité à lire certains chapitres et à me faire part de ses remarques toujours pertinentes et chaleureuses. Véronique Nahoum-Grappe fut celle qui me donna l'occasion d'écrire un premier article sur le sujet. Daniel Percheron me fit découvrir des images et des films dont il avait conservé un souvenir précis et qui furent souvent l'occasion de commentaires amusés. Bernard Paillard me rappela que la Bretagne était riche en folklore et ne rechigna jamais à m'aider lorsque mon ordinateur me jouait des tours. Martin de la Soudière aimait bien comme à son habitude découper la presse locale, celle du Perche et de la Lozère. Ma mère, Janine Perrot, me fit profiter de ses souvenirs d'enfance et surtout de son art de les raconter. C'est elle qui, la première, m'a donné le goût de Noël et de ses récits. Enfin Gaëtan Mootoo a souvent donné de son temps pour me laisser celui de l'écriture et supporta avec patience ces trois années de recherche.

Je tiens à les remercier ici tout particulièrement.

Nombreux sont encore celles et ceux auxquels je dois également aide et amitié. Chacun m'a apporté sa « guirlande » qui a fini par éclairer ce livre comme un arbre de Noël. Discussions, anecdotes, livres, adresses, images, traduction, confidences, films, souvenirs d'enfance, longs entretiens, furent autant de « cadeaux » qui me furent adressés, avec générosité, et souvent aussi humour.

Je les nommerai ici dans l'ordre le plus arbitraire qui soit, l'ordre alphabétique. Ils savent ce que je leur dois : Laure Adler, Fabrice Alcandre, Claudine Attias-Donfut, M.-T. Basse, Anny Bloch-Raymond, Cathy et Olivier Bonnain, Corinne Boujot, André Burguière,

M. de Bryas, Claire Cabanel, Jean-Pierre Couturier, Nathalie Damery, Martine Decaen, Evelyne Desbois, Alain Di Cimtio, Sylvaine d'Entremont, Catherine Dolto-Dolitch, Marcella Favretto, Béatrice Fontanel, J.-F. Fouque, Roland Galli, Blandine Grosjean, Christina Hakala, Marie-Claude Jahan, Frédérique Leblanc, Isabelle Magos, Isabelle Mascolo, Françoise Massis, Colette Méchin, M. et Mme Minart, Jean-Marc Moynac, Gérard Paillard, Alfredo Pena-Vega, Monique Pinson-Charlot, Alain Plenel, Nathalie Ortar, Pierre Remise, Caroline Reynaud, Martine Segalen, Maria Thomas, Geneviève Trumper, Nelly Vial, Catherine Vivien, et tous les membres de mon centre de recherche le CETSA, dont les sourires et les encouragements quotidiens furent un constant réconfort.

Qu'ils soient tous assurés de mon amicale reconnaissance.

TABLE

Cet ouvrage a été composé
*par l'**Imprimerie Bussière***
et imprimé sur presse Cameron
*par **Bussière Camedan Imprimeries***
à Saint-Amand-Montrond (Cher)
en octobre 2000
pour le compte des éditions Grasset
61, rue des Saints-Pères, 75006 Paris

N° d'Édition : 11710. N° d'Impression : 1901-003697/4.
Dépôt légal : octobre 2000.

Imprimé en France

ISBN 2-246-56151-5